KOSMOPOLITISMUS *UND* RASSISMUS

MARC RÖLLI

Kosmopolitismus *und* Rassismus

Kulturphilosophie bei Kant und Cassirer

TURIA + KANT
WIEN–BERLIN

Bibliografische Information der Deutschen Nationalbibliothek

Die Deutsche Bibliothek verzeichnet diese Publikation in der Deutschen Nationalbibliografie; detaillierte bibliografische Daten sind im Internet über http://dnb.ddb.de abrufbar.

Bibliographic Information published by
Die Deutsche Nationalbibliothek
The Deutsche Bibliothek lists this publication in the Deutsche Nationalbibliografie;
detailed bibliographic data are available on the Internet at http://dnb.ddb.de.

ISBN 978-3-98514-110-4

Cover: Bettina Kubanek, Visuelle Gestaltung, Berlin

VERLAG TURIA + KANT

A-1020 Wien, Leopoldsgasse 14
Büro Berlin: D-10827 Berlin, Crellestraße 14
info@turia.at | www.turia.at

Inhalt

Einleitung

Nehmen wir Kant beim Wort und sind wir mutig! Wie kann es sein, dass der strengste Aufklärer, der wie kein anderer die Freiheit als *ratio essendi* des moralischen Gesetzes verteidigte, weil sie im Menschen schlechthin anzutreffen sei, nebenher noch eine Theorie der ›Rassen‹ entwickelte, die offenbar die weißen Europäer allein als würdige Repräsentant*innen der Menschheit betrachtet? Die Farbe der anderen bezeichnete dagegen eine (vermeintlich) in ihrer Natur begründete ›Primitivität‹, die ihre (menschlich definierten) Bildungspotentiale radikal einschränken würde. – Ist das mehr als blanker Unsinn, mehr als eine Randnotiz der Geschichte, mehr als eine Funktionsstörung, die selbst den größten Geist einmal aus der Spur zu bringen vermochte?[1]

---

[1] Von ›Rassen‹ und ›Primitiven‹ wird in diesem Buch viel die Rede sein; mit einfachen Anführungszeichen bringe ich die Distanz zum Ausdruck, die im Zitieren einer diskursiven Realität (im Sinne Foucaults) liegt. Es geht nicht anders, wenn die Beziehungen ausfindig gemacht und kritisiert werden sollen, die inmitten der modernen europäischen Philosophie zwischen einer (anthropologischen) Theorie der ›Rassen‹ und einer (geschichtsphilosophischen) Theorie der Anfänge der Menschheitsentwicklung bestehen. Zahlreichen Stimmen aus der post- und dekolonialen Kritik folgend, möchte ich zu

Es erscheint widersprüchlich, dass ein universalistisches Denken, das sich auf den Menschen im Allgemeinen oder die Menschlichkeit bezieht, zugleich rassistisch informiert sein könnte. Eine auf die Humanität ausgerichtete Moral wäre doch unmöglich, wenn sie zwischen Menschen Unterschiede machte, die die einen vor den anderen in einem rechtlich oder politisch bedeutenden Sinne auszeichneten. Oder etwa nicht? In den deutschen Medien wird aktuell pausenlos erzählt, dass Humanismus und Aufklärung die Werte der demokratischen, freiheitsliebenden (westlichen) Gesellschaften definieren, während in Russland, China und der arabischen Welt autoritäre Regime herrschen, die sich über Recht und Gesetz willkürlich hinwegsetzen. Die humanistischen Werte beanspruchen (de iure), so heißt es, universale Geltung, auch wenn ihnen nicht überall (de facto) Geltung verschafft wird. Grundrechte sollten alle Menschen gleichermaßen für sich in Anspruch nehmen können – aber natürlich kann ihnen das auch verwehrt werden. Freiheit und Demokratie stehen Unfreiheit und Autokratie gegenüber.

Es ist dieser Rahmen, in dem gedacht wird. Innerhalb seiner Grenzen kommt es einer Irritation gleich,

---

einer kritischen Analyse kolonialer Relikte in epistemischen Strukturen noch zeitgenössischer Diskurse einen Beitrag leisten.

wenn darauf hingewiesen wird, dass die moralischen Ideale der Aufklärung nur für ausgewählte Menschen bestimmt waren: im Namen des Menschlichen fanden sich die ›Frauen‹ (oder weiblich gelesene Personen) exkludiert, die kolonialen Machenschaften legitimiert und die arme Bevölkerung ignoriert. Aber die Irritation währt in aller Regel nur kurz. Es liegt eine Antwort parat: der Zeitgeist trägt die Schuld, eine historisch bedingte inkonsequente Beschränkung des eigentlich doch universell Gültigen. Selbst wenn im 18. oder 19. Jahrhundert allgemein von Menschen die Rede sein konnte, ohne im selben Atemzug die ›Frauen‹ zu diesen zu zählen, so liegt dieser (historisch grundlegend desorientierte) Irrtum weit zurück in einer bedeutungslos gewordenen Vergangenheit.

Aber ist es wirklich so einfach? Handelt es sich bei der von Kant vorgelegten Erörterung menschlicher Besonderheiten, die sich auf eine Anzahl von ›Rassen‹ zurückführen lassen, um marginale Sachverhalte, die getrost vernachlässigt werden können, weil sie sich als unhaltbar und für systematische Belange irrelevant herausgestellt haben? An dieser Stelle möchte ich für eine behutsame Herangehensweise plädieren. Es ist sicher richtig, dass aus traditionell philosophischer Perspektive Kants Überlegungen zum Begriff der ›Rasse‹ eher wenig Bedeutung beigemessen wurde. Sie beschäftigen sich nicht mit einer Klärung der Grundfragen kritischer Philosophie. Allerdings wäre es verfehlt anzunehmen, dass sie deshalb bereits in anderen Fächern, in nichtphilosophischen Disziplinen der Humanwissenschaften, wirkungslos geblieben seien. Selbst innerhalb der Philosophie bildet sich in der ersten Hälfte des 19. Jahrhunderts ein anthropologischer Diskurs heraus, der sich durchgängig auf Kants Rassenlehre (als Teil der anthropologischen Charakteristik) bezieht. Diese philosophische Anthropologie unterhält zahlreiche Beziehungen zu den Entwicklungen im Bereich der Philosophie der Geschichte bzw. der Kultur(en); und sie erlebt eine lebensphilosophisch (und teils darwinistisch) inspirierte Neuauslegung, die insbesondere im NS akademische Dominanz gewinnt.[2]

Wenn es daher auch stimmt, dass die im wissenschaftlichen Terrain seit 1800 zunehmend breit angelegte und vernetzte rassenanthropologische Erkenntnisproduktion regelmäßig auf Kant rekurriert – im Feld der Pädagogik, Psychologie, Medizin, Ökonomie, Biologie, Ethnologie, Geschichte, Politik etc. –, so möchte ich doch nicht den Eindruck erwecken, als ob die Bedeutung der Kantischen Rassentheorie ausschließlich

---

[2] Hier möchte ich auf eine eigene Arbeit hinweisen, die meinen Hintergrund anthropologiehistorischer Forschung erklärt: Marc Rölli, Kritik der anthropologischen Vernunft, Berlin 2011.

nicht-philosophischen Typs sei. Aus meiner Sicht führt es nicht weit, zwei kategorisch getrennte Pfade zu postulieren, die in einem eindeutig hierarchischen Verhältnis zueinanderstehen: hier die eigentliche, systematische (akademische) Philosophie; dort die uneigentliche, populäre (lebensweltliche) Philosophie, die sich selbst als eine lebensnahe oder ›menschliche‹ Übersetzung wissenschaftlicher Expertise versteht. Mit dieser geläufigen Trennung des esoterischen vom exoterischen Wissen ist die Gefahr ideologischer Abschottung verbunden, sofern im elitären Zirkel einseitig die Wahrheit gesucht (und scheinbar auch gefunden) wird.

Die These, Kants seriöse Moralphilosophie habe mit seinem unseriösen Rassedenken nichts zu tun, entspricht der ins Gegenteil verkehrten These, seine Moral sei durch und durch kolonial bestimmt und dokumentiere in ihrem Universalismus nur leicht verhüllt den westlichen Herrschaftswillen. So stehen sich die Meinungen unversöhnlich gegenüber. Auf beiden Seiten finden aber dogmatische Vorurteile ein Versteck. Das traditionelle Selbstverständnis europäischer Aufklärung wendet sich gegen seine Infragestellung durch post- und dekoloniale, aber auch (queer-) feministische oder radikalökologische Ansätze. Und auf der Gegenseite sind ebenso Tendenzen auszumachen, jenseits der eigenen Partei ein Feindbild zu identifizieren und pauschal zu verallgemeinern: ›Terroristen und Faschisten‹. Die eigentümlich korrespondierenden Positionen stehen dabei nicht in symmetrischen, gleichartig zu bewertenden Verhältnissen zueinander. Es bietet sich an, die Beziehungen genauer zu untersuchen, die nicht zuletzt zwischen der systematischen Philosophie Kants und seiner anthropologisch ausgerichteten Rassentheorie bestehen. Tatsächlich glaube ich, dass innerhalb der philosophischen Tradition Gründe ausfindig zu machen sind, die eine strukturelle Diskriminierung anderer (Menschen) überhaupt zur Folge haben – und nicht nur die diskriminierende Herabsetzung ganz bestimmter Identitäten. Im europäischen Denken selbst haben sich hierarchische Strukturen festgesetzt, die als solche analytische Forschung provozieren und notwendig machen. Koloniale Aspekte stehen dabei mit patriarchalen, kapitalistischen, ökologischen und machtkonformen Gesichtspunkten in einem gleichsam intersektionalen Verbund. Sie zielen gemeinsam auf die in sich problematische normative Stellung des Menschen, der ein Ideal verkörpert, sofern er männlich ist, europäisch und weiß, erwachsen und gesund, religiös und politisch aufgeklärt, gebildet und beruflich erfolgreich, heterosexuell orientiert usw.[3]

---

[3] Die Analyse dieser Machtrelationen findet noch immer wichtige

Aber wie genau ist diese Sonderstellung zu verstehen? Kant verleiht ihr einen ambivalenten Zuschnitt, der es verdient, präzise in den Blick genommen zu werden. Bereits zu Beginn der Charakteristik, die sich in der *Anthropologie in pragmatischer Hinsicht* findet, wird der *Charakter* der Person als »Naturanlage« oder »Sinnesart« vom *Charakter* schlechthin unterschieden.[4] Während jener natürlich, sinnlich oder empirisch ist, zeichnet sich dieser durch seine Moralität aus. Jener macht qua Natur etwas aus dem Menschen; dieser bestimmt den Menschen als »freihandelndes Wesen«, das etwas »aus sich selbst macht«.[5] Mit der Trennung des reinen vom empirischen Menschen vollzieht Kant eine grundlegende anthropologische Unterscheidung. Sie ermöglicht es, die Humanität von der menschlichen Natur abzuheben – und damit zugleich die »Menschen-

---

Ausgangspunkte in den einschlägigen Arbeiten von Michel Foucault und Judith Butler. Vgl. Michel Foucault, Der Wille zum Wissen [1976], übers. v. U. Raulff u. W. Seitter, Frankfurt a.M. 1983; Judith Butler, Das Unbehagen der Geschlechter [1990], übers. v. K. Menke, Frankfurt a.M. 1991.

4 Vgl. Immanuel Kant, Anthropologie in pragmatischer Hinsicht [1798], Werke Bd. 6, Darmstadt 1964, S. 395-690, hier S. 625.

5 Vgl. ebd., S. 634. »Einen Charakter aber schlechthin zu haben, bedeutet diejenige Eigenschaft des Willens, nach welcher das Subject sich selbst an bestimmte praktische Principien bindet, die er sich durch seine eigene Vernunft unabänderlich vorgeschrieben hat.« Ebd., S. 633.

würde« allen Menschen von Rechts wegen zuzuschreiben, sofern sie den natürlichen Charakter transzendiert.[6] Ihr »innerer Wert« ist über jeden »Marktpreis« erhaben.[7] Die Unterscheidung ist dabei ambivalent, weil sie gleichzeitig ermöglicht, vom allgemeinen *und* vom besonderen Menschen zu sprechen: d.h. von einer Würde, die allen Menschen zukommt, *und* von einer natürlich bestimmbaren Besonderheit, die u.a. auch so beschaffen sein kann, dass sie es faktisch ausschließt, dass die Würde wirklich erworben bzw. der Wille an die praktische Vernunft gebunden wird.

Diese Ambivalenz, die anthropologische Doppeldeutigkeit des menschlichen Charakters, ist aus meiner Sicht ein beachtenswerter Befund. Es sieht so aus, als würde das moralisch Universelle eine empirische Natur voraussetzen, die *erstens* anders als es selbst beschaffen ist; und *zweitens* in eine grundsätzliche Distanz gerückt werden muss. Ihre Mannigfaltigkeit entspricht nicht *per se* der Vernunft – auch wenn die Welt der Erscheinung nach Kant objektiv bestimmbar ist, weil sie im Verstand ihre transzendentalen Gründe findet. Es handelt sich bei der Frage nach dem empirischen Charakter nicht um eine erkenntnistheoretische, sondern um eine

---

[6] Vgl. ebd., S. 638.
[7] Vgl. ebd., S. 634.

praktische Frage. In der *Anthropologie* behandelt Kant die menschliche Natur als passive Sinnlichkeit, rational unkontrollierte Phantasie und Affektivität, die durch Erziehung, Bildung und Kultur erst allmählich in eine ordentliche Form gebracht und diszipliniert werden kann. Zudem werden Unterschiede des Geschlechts, der ›Rassen‹ und Völker, aber auch des Naturells oder der Anlagen empirisch charakterisiert. Sie verdeutlichen, dass die irdische, vergängliche und (rational) unbeherrschte Natur eine sein kann, die der menschlichen Entwicklung eine formbare Materie in die Hände gibt – oder aber sie radikal blockiert. Ebenso wie bestimmte Krankheiten unheilbar sind, gibt es nach Kant keine Entwicklungsmöglichkeiten von einem Geschlecht zum anderen (bzw. von einer ›Rasse‹ zur anderen).

Genau hier findet der Zeitgeist bei Kant seinen systematisch quasi gut vorbereiteten Platz. Er kann sich aussprechen in Beschreibungen der Völker und der ›Rassen‹, weil er sich im empirischen Charakter und seinen auf die Gattung Mensch bezogenen Bildungsprozessen natürlich wie historisch situieren kann. Die *Bestimmung* des Menschen liegt darin, seine natürlichen Potentiale zu entfalten – und sofern er ein »mit einer moralischen Anlage begabtes vernünftiges Wesen ist« seinen Privatsinn »einer Disziplin des bürgerlichen

Zwangs [nach selbst gegebenen Gesetzen] zu unterwerfen«.[8] Dies geschieht im kulturellen und historischen Fortschreiten »in eine weltbürgerliche Gesellschaft«, die einer Idee entspricht, die zwar kein konstitutives, aber doch ein im Rekurs auf die natürliche Teleologie nicht unbegründetes regulatives Prinzip ist.[9] Die humane Natur ist bestimmt, sich (weltgeschichtlich) als Gattung dieser Idee zu nähern; das schließt wie gesagt nicht aus, dass manche Menschen schon aufgrund ihrer spezifisch natürlichen Anlagen (angeblich) dazu nicht imstande sind. Wir kennen insbesondere aus dem 19. Jahrhundert unzählige Beispiele dafür, wie selbst mit wissenschaftlicher Autorität immer wieder behauptet wurde, dass ›Frauen‹ überhaupt, außereuropäische Völker (in verschiedenen Abstufungen) und viele andere Menschen, seien es Kinder oder Kranke, aber auch jüdische oder einfach arme, nicht-normale, aus welchen Gründen auch immer kriminalisierte und verstoßene Personen, zu höherer moralischer Entwicklung völlig unfähig sein sollen.

---

8 Vgl. ebd., S. 684-685.

9 Vgl. ebd., S. 687-688. »Man kann es aber für die Zwecke der Natur als Grundsatz annehmen: sie wolle, daß jedes Geschöpf seine Bestimmung erreiche; dadurch, daß alle Anlagen seiner Natur sich zweckmäßig für dasselbe entwickeln, damit, wenn gleich nicht jedes Individuum, doch die Spezies die Absicht derselben erfülle.« Ebd., S. 684.

Das ist natürlich keine Neuigkeit. Aber die Philosophie von Kant in diesen Kontext zu rücken – und seine Idee des Kosmopolitismus zusammen mit der Entstehung des rassenanthropologischen Diskurses zu thematisieren, gibt doch Anlass zu einigen Fragen, die selten gestellt werden. Gerade die weit verbreitete Wertschätzung, die Kant und der Kantianismus in wissenschafts- und moraltheoretischen Fragen bis heute genießen – und nicht eine prädestinierte Rolle in der bereits häufig erzählten Geschichte der Entlarvung kolonialer Vorurteile oder eurozentrischer Hybris – kann als ein Motiv der folgenden Untersuchungen gelten. Ein uns eher geläufiges Verfahren besteht sicher darin, den Kosmopolitismus (mit Kant und auch über ihn hinaus) konsequent *gegen* den Rassismus (und andere Wissenstechniken der Diskriminierung) in Stellung zu bringen. Nicht zuletzt in den Theorien der radikalen Demokratie wird in dieser Weise vorgegangen. Ihre kritische Relevanz möchte ich auch gar nicht bestreiten. Wenn es aber gelingt, eine strukturelle Kopplung von Kosmopolitismus und Rassismus in der philosophischen Theoriebildung aufzuzeigen, dann könnte das unerwartete Verbindungen sichtbar machen, die nicht nur für Analyse und Kritik, sondern v.a. für die Subversion politisch griffiger (und in aller Regel demokratiefeindlicher)

Polarisierungsstrategien hilfreich und nützlich sein könnten.

In Kants *Idee zu einer allgemeinen Geschichte in weltbürgerlicher Absicht* wird eine teleologische Konzeption der natürlichen Anlagen des Menschen mit ihrer historischen Entwicklung im Sinne des Charakters der Gattung zusammengedacht. Die »Keime der Natur« gehören in ihrem unentwickelten Zustand zu einer ›primitiven‹, »wilden« oder »rohen« Kultur.[10] Die ›primitive‹ Harmonie erläutert Kant im Vergleich zu einem »arkadischen Schäferleben«, das »bei vollkommener Eintracht, Genügsamkeit und Wechselliebe [...] alle Talente auf ewig in ihren Keimen« verbergen würde.[11] Diese Menschen wären so »gutartig wie die Schafe die sie weiden [und] würden ihrem Dasein kaum einen größeren Wert verschaffen, als dieses ihr Hausvieh hat.«[12] Die arkadische ›Primitivität‹ bringt nicht nur die Einfalt zum Ausdruck, die vor der Zwietracht herrschte; sondern auch eine ausstehende Entwicklung, die den Menschen eigentlich erst zum Menschen macht. Wo sie nicht stattgefunden hat oder unmöglich ist, dort liegt

---

10 Vgl. Immanuel Kant, Idee zu einer allgemeinen Geschichte in weltbürgerlicher Absicht [1784], in: Kant, Werke Bd. 6, S. 31-50, hier S. 40, 38, 42.

11 Vgl. ebd., S. 38.

12 Vgl. ebd.

ein niedriges, naturnahes, vernunftloses und tierähnliches Niveau vor, das quasi alle wilden oder regressiven Stadien sog. depravierter Charaktere diagonal verbindet.[13] In diesem Sinne verkörpern ›Frauen‹ und nichteuropäische ›Rassen‹ nach Kant unterschiedlich ›primitive‹ Menschentypen, die als solche auf einen durch Vernunft wenig entwickelten Naturzustand verweisen. Die kulturphilosophische Einordnung der ›Rassen‹ ist bei Kant gewissermaßen angelegt; sie wird später in den entstehenden Anthropologien und Geschichtsphilosophien aufgegriffen.[14]

---

13 Hier zeigt sich, dass auch rassistische und antisemitische Diskriminierungsformen strukturelle Homologien aufweisen. Sie lassen sich in der hier beanspruchten kritischen Sichtweise nicht gegeneinander ausspielen. Dasselbe gilt von ihren patriarchalen, kolonialen und klassenspezifischen Formen, die in einem intersektionalen Konnex stehen, wie seit einiger Zeit insbesondere der schwarze Feminismus deutlich zu machen wusste. Vgl. Kimberlé Crenshaw, »Demarginalizing the Intersection of Race and Sex: A Black Feminist Critique of Antidiscrimination Doctrine, Feminist Theory and Antiracist Politics, University of Chicago Legal Forum 1, Article 8, 1989, S. 139-167.

14 Hegel liefert das wichtigste Beispiel für die geschichtsphilosophische Einordnung der Entwicklungsstufen der Menschheit und ihre Zuordnung zu den anthropologischen Unterscheidungen der ›Rassen‹. Die »Rassenverschiedenheit« wird in §393 der Anthropologie behandelt: G.W.F. Hegel, Enzyklopädie der philosophischen Wissenschaften, Bd. 3 Philosophie des Geistes [1830], Werke Bd. 10, Frankfurt a.M. 1986, S. 57-63. Die »orientalische Philosophie« wird behandelt in Hegel, Vorlesungen über die Geschichte der Philosophie, Bd. 1, Werke Bd. 18, Frankfurt a.M. 1986, S. 118-121, 138-170. Besonders aussagekräftig sind die Bemerkungen über Afrika in Hegel,

Es gibt noch einen Grund, warum der *primitive Naturzustand* des Menschen, seine Idee einer anfänglichen wie auch ursprünglich ganzheitlichen Seinsweise in einer anthropologischen Entwicklungsgeschichte, für diskriminierungs- und rassismuskritische Ansätze Beachtung verdient. Durch ihn wird eine Verbindung zu einem neueren, etwas anders aufgestellten anthropologischen Denken hergestellt, das für die Zeit nach 1900 wichtig ist. Es ist nicht länger idealistisch verfasst, sondern basiert auf moderneren, sog. lebensphilosophischen und in der Regel als postmetaphysisch beschriebenen (z.B. hermeneutischen oder phänomenologischen) Verfahren.[15] Ihre exemplarische Vertreter*in im Kantianismus wäre Ernst Cassirer, dem ebenso wie Kant selbst gerne ein besonderer Nimbus moralischer Integrität zugeschrieben wird. Ich betone das ohne böse Hintergedanken und in der Absicht, auf ein strukturell

---

Vorlesungen über die Philosophie der Geschichte, Werke Bd. 12, Frankfurt a.M. 1986, S. 120-129, oder auch seine Erläuterungen der symbolischen Kunstform in den Vorlesungen über die Ästhetik.

15 Hierzu zähle ich die Vertreter*innen der neueren philosophischen Anthropologie, die seit den Arbeiten von Max Scheler und Helmuth Plessner eine schulbildende Wirksamkeit entfaltet. Dilthey und Husserl liefern ihr wesentliche Anregungen. Aber auch im sog. Primitivismus der Kunst oder in strukturalistisch inspirierter Theorie (von Carl Einstein bis zu Claude Levi-Strauss oder Marshall McLuhan) finden sich epistemische Rudimente einer subtilen Kolonialität; von den weniger subtilen Formen hier mal ganz zu schweigen.

verwurzeltes Postulat kolonialer Überlegenheit zu stoßen, das oftmals gerade nicht lautstark artikuliert wird. Es geht dabei um epistemische Strukturen, die auch dort wirksam sind, wo wissenschaftliche Seriosität vorliegt.

Bereits Kant macht, wie gesagt, ›primitive‹ Menschen für eine Frühphase der Menschheitsgeschichte namhaft – und seine Überlegungen zur natürlichen Teleologie liegen sowohl der Charakteristik verschiedener ›Rassen‹ als auch seinem Entwurf einer Geschichte in weltbürgerlicher Absicht zugrunde. Hier liegt der kritische Fokus zumeist (und zurecht) auf dem Rassenthema. Seitdem aber Rassentheorien nicht mehr wissenschaftlich legitimiert sind – eine Veränderung erfolgt spätestens mit dem Ende des 2. Weltkriegs und der Niederlage des Nazi-Regimes – kann sich der Fokus verschieben. Dann zeigt sich auch, dass der Rassismus – mitsamt der kolonialen Machtverhältnisse, in die er eingebunden ist – nicht einfach verschwindet, wenn seine wissenschaftliche Rechtfertigung oder auch seine politische Affirmation aufgegeben wird. Innerhalb der *Criticial Philosophy of Race* wird von rassifizierten Körpern gesprochen, die gesellschaftlich produziert werden, selbst wenn ›Rasse‹ längst nicht mehr als biologischer Sachverhalt akzeptiert ist (und vor dem Gesetz formale Gleichheit durchgesetzt ist). Ihre soziale Realität beruht auf strukturellen Bedingungen, die im Kern lediglich die Möglichkeit einer charakteristischen Minderwertigkeit tradieren. Sie muss nicht manifest rassistisch sein, wenngleich sie doch einen impliziten Rassismus insofern reproduziert, als sie eine bestimmbare Gruppe von Menschen ausmacht, die von einer Norm (des Menschseins) abweichen. Dabei handelt es sich im diskursiven Kern um ›Primitive‹, weil ihnen die Qualitäten abgesprochen werden, die im Laufe der Entwicklung des Menschen erworben werden – in der Entfaltung der in ihm liegenden Potentiale. Diese Qualitäten sind dadurch ausgezeichnet, dass sie eine spezifisch menschliche, normgerechte Entfernung von der (animalischen) Naturverbundenheit zum Ausdruck bringen. Im Begriff der lange Zeit ethnologisch verfochtenen (indigenen) ›Primitivität‹ steckt gewissermaßen eine allgemeine Logik der Diskriminierung, die sich in allen möglichen Bereichen zur Anwendung bringen lässt.

Cassirer kann sich z.B. auf *La mentalité primitive* (1922) von Lucien Lévy-Bruhl stützen. Nach Lévy-Bruhl ist das europäische Denken begrifflich oder abstrakt, während »bei den Primitiven Gedanke und Sprache einen […] konkreten Charakter [haben].«[16] Die

---

16 Vgl. Lucien Lévy-Bruhl, Die geistige Welt der Primitiven [1922], übers. v. M. Hamburger, Darmstadt 1966, S. 339.

besondere Konkretion liegt in dem »mystischen und prälogischen« Verhältnis zu einer endlich-geschlossenen und nicht-individualisierten, sondern kollektiv erfahrenen Welt.[17] Sie markiert einen natürlichen Zustand der Nicht-Entzweiung, der zugleich als ein unentwickelter Zustand gilt. Im Unterschied zu den älteren Auffassungen von Kant und anderen wird aber nun mehr Gewicht auf eine intrinsisch kontinuierlich erhaltene ›primitive‹ Seite der menschlichen Existenz gelegt: ihre unbewusste und triebhafte Natur. Sie lässt sich zwar nicht überwinden, aber dennoch gibt es eine menschliche Entwicklung (im biografischen wie auch im historischen Ausmaß), die auf einen reflektierten Umgang mit ihr setzt. Wo das Reflexionsniveau niedrig oder abgesunken ist, sind auf allen Ebenen niedrige oder defizitäre Verhältnisse (in Politik, Wissenschaft, Religion, Ökonomie, Recht, Ethik usw.) anzutreffen. Eine solche auf Fortschritt setzende Auffassung finden wir auch bei Henri Bergson, auf den sich Cassirer ebenfalls beruft.[18] Nicht zuletzt bedeuten die monotheistischen Religionen für beide einen abendländisch geprägten Humanismus mit weltbürgerlichen Entwicklungschancen.

---

17 Vgl. ebd., S. 351.

18 Vgl. Henri Bergson, Die beiden Quellen der Moral und der Religion [1932], übers. v. E. Lerch, Frankfurt a.M. 1992

Das Thema des ›primitiven‹ Lebens oder der ›primitiven Mentalität‹ ist mit der seit Rousseau wirkmächtigen Idee des wilden Naturzustands des Menschen verbunden. Diese Idee spielt in beiden Phasen des anthropologischen Denkens, bei Kant wie auch bei Cassirer, eine Rolle. Sie verkörpert exemplarisch das seit Edward Said in der postkolonialen Diskussion intensiv bearbeitete Problem des *Othering* oder der exotisch stilisierten Andersheit. Nach Rousseau sind die ›Wilden‹ ursprüngliche Menschen, deren harmonische Lebensweise mit der Beschreibung des bürgerlichen Zustands der zeitgenössischen europäischen Zivilisation und der in ihr herrschenden Ungleichheiten scharf kontrastiert.[19] Der *homme sauvage* dient als kulturkritische Projektionsfläche und repräsentiert eine gesunde und ganzheitliche Natur, die im langsamen zivilisationsgeschichtlichen Prozess zurückgelassen wurde und (auf höherer rationaler Ebene) wiederzugewinnen ist. Dabei gibt es keine

---

19 Ein Merkmal der wilden Lebensform nach Rousseau liegt in seinem nahezu tierischen, konkretistisch auf die Gegenwart eingeengten Zeithorizont: »Am Morgen verkauft er [der Karibe] sein Baumwollbett und am Abend kommt er weinend daher, um es zurückzukaufen, weil er nicht vorausgesehen hat, daß er es für die nächste Nacht wieder brauchen würde.« Jean-Jacques Rousseau, Diskurs über die Ungleichheit, zweisprachige kritische Ausgabe, übers. v. H. Meier, Paderborn 1990, S. 111. Rousseau zitiert aus dem Buch des Missionars und Dominikaners Jean-Baptiste Du Tertre, Histoire générale des Antilles, habitées par les François, Paris 1667-71, 4 Bde.

Rückkehr zur Natur, da der Mensch im Unterschied zum Tier nicht rein instinktiv handelt, sondern über die Fähigkeit verfügt, sich zu perfektionieren.[20] Seine Bahn ist damit vorgezeichnet, Natur und Freiheit miteinander zu versöhnen bzw. die künstlichen gesellschaftlichen Eigentums- und Anerkennungsverhältnisse hinter sich zu lassen. Sie ist mit der Idee einer kosmopolitisch angelegten Geschichte der Entwicklung der Menschheit in den Grundzügen eins.

---

20 »So geben sich die ausschweifenden Menschen Exzessen hin, die ihnen Fieber und Tod verursachen, weil der Geist die Sinne depraviert und der Wille noch spricht, wenn die Natur schweigt.« Rousseau, Diskurs über die Ungleichheit, S. 99-101. – An die Perfektibilität wie an das Naturrecht ist (nach Rousseau) die Revolution gebunden. Das könnte ein Licht auf die Revolutionstheorie werfen, die etwa Susan Buck-Morss (mit Blick auf Hegel und Haiti) oder auch Bini Adamczak (in ihrem Buch Beziehungsweise Revolution) weitergedacht haben; dabei ist v.a. die nötige Skepsis gegenüber den kolonial mitgeprägten Vorstellungen von Freiheit und Natur (wie auch ihrer imaginären Konvergenz) gemeint.

Koloniale Strukturen des Weltbürgertums

Oder warum Kants Rassenlehre humanistisch aufgestellt ist[21]

Die post- und dekolonialen Überlegungen gewinnen in den letzten Jahren mehr und mehr an Bedeutung. Allerdings gilt das nicht eins zu eins für die Philosophie. Sofern sie für sich in Anspruch nimmt, eine Expertin auf dem Gebiet der Kritik zu sein, kann sie nur mit Mühe eine Stimme tolerieren, die ihr (in kritischen Fragen) voraus ist – oder auch nur vorgibt, ihr voraus zu sein. Tatsächlich wäre es nicht falsch zu sagen, dass sich die akademische Philosophie in letzter Zeit eher davon wegbewegt hat, im Kontext gesellschaftspolitischer Themen – und sei es gar im Feld von Kunst, Kultur und Medien – anschlussfähig zu sein. Ihre wissenschaftliche Ausrichtung ist in erster Linie logisch, ana-

---

21 Dieser Text fußt auf einem Vortragsmanuskript, das ich auf Einladung von Antonia Birnbaum und Helmut Draxler für die Tagung »Nachleben des Transzendentalen / Afterlives of the Transcendental« an der Universität für angewandte Kunst Wien im Herbst 2022 geschrieben habe.

lytisch oder historisch; auf ihrer praktischen Seite liegt ein Schwerpunkt bei der Ausbildung angewandter Ethiken, die eine besondere Expertise in ihren Anwendungsgebieten verlangt. Die lange Zeit wie selbstverständlich geltende Nähe zu den Sozialwissenschaften verliert an Kraft – und das zu einem Zeitpunkt, wo vermehrt gesellschaftspolitische Fragen auf der Agenda stehen, die eine gewisse (quasi implizit philosophische) Radikalität besitzen: nicht nur in der post- und dekolonialen Diskussion, sondern auch in der Ökologie (Stichwort Anthropozän), im Feminismus oder in der Auseinandersetzung um großflächige Veränderungen kapitalistischer Strukturen. Diese schließen informationstechnische Entwicklungen ein, die neue Verständnisse von Öffentlichkeiten bzw. politischen Identitätskonstruktionen erforderlich machen, die populistische (oder gar militärisch-imperialistische) Dynamiken mitzudenken erlauben.

Die Frage nach der aktuellen Relevanz oder dem »Nachleben« des Transzendentalen kann mit einer Frage verknüpft werden, die in der post- und dekolonialen Literatur immer wieder aufgeworfen wird: nämlich die nach der Bedeutung von Kants Rassenkunde.[22]

---

22 Zum »Nachleben des Transzendentalen« vgl. die Ankündigung der o.g. Tagung auf https://philosophie.uni-ak.ac.at/das-nachleben-

Gibt es systematische Beziehungen zwischen der Transzendentalphilosophie und der Konzeption der Rassen bei Kant? Aus meiner Sicht ist die Beschäftigung mit dieser Frage eine Möglichkeit (von vielen anderen), auf die post- und dekolonialen Diskussionen philosophisch sinnvoll zu reagieren. Eine Auseinandersetzung mit der Kolonialgeschichte – und d.h. auch: mit den epistemischen Strukturen, die nicht zuletzt das europäische Fortschrittsparadigma der Moderne konsolidierten – ist eine Aufgabe, die nicht nur außerhalb, sondern auch innerhalb des europäisch-westlichen Diskurses angegangen werden sollte.[23] Das muss nicht so verstanden werden, dass dabei die Stimmen aus dem globalen Süden keine Rolle spielen dürften. Vielmehr gilt es, diesen Stimmen Gehör zu schenken und sich von ihnen inspirieren zu lassen – und mit ihnen (wie immer auch kritisch und auf Augenhöhe) in einen Austausch zu treten.

Für manche mag es irritierend sein, dass das Thema ›Rassen und Rassismus‹ mit der Frage nach dem Transzendentalen verknüpft werden soll. Bedeutet das

des-transzendentalen-tagung-27-28-oktober-2022-afterlives-of-the-transcendental-conference/; zuletzt geöffnet am 30.10.2023.

23 Vgl. Amy Allen, Das Ende des Fortschritts. Zur Dekolonisierung der normativen Grundlagen der kritischen Theorie [2016], übers. v. Frank Lachmann, Frankfurt a.M./New York 2019.

nicht, zwei völlig unvereinbare Dinge willkürlich aufeinander zu beziehen? Sind die transzendentalen Reflexionen Kants, die sich ganz wesentlich in den drei Kritiken finden lassen, nicht Operationen eines Denkens, die sich im Medium einer Rationalität vollziehen, die den empirischen Sachverhalten a priori vorausliegt? Und wenn es so wäre, handelte es sich dann nicht um einen Kategorienfehler, die allgemeinen Wahrheiten, die sich auf das Erkennen, Wollen und Fühlen des Menschen als solchen beziehen, durch physiologisch-evolutionäre, kulturelle oder historische Erwägungen zu relativieren? Muss also transzendentales Wissen nicht per se ein Wissen um den allgemeinen Menschen sein, weshalb es die Differenzierung nach ›Rassen‹ in keiner Weise tangieren kann?

Tatsächlich ist diese Argumentationslinie aus dem Kantianismus in all seinen Spielarten wohl bekannt. Und ebenso geläufig dürfte die diametral entgegengesetzte These sein, die besagt, dass der allgemeine Mensch doch nur das durch und durch partikulare Bild eines allgemeinen Menschen ist, ein Bild, das sich ein bestimmter Europäer vom Menschen gemacht hat. Wird diese These in die politische Philosophie verlagert, so findet sie sich häufig in der folgenden Form artikuliert: der Kosmopolitismus Kantischen Typs ist im Kern ein Partikularismus, der sich in der Fassung als Kosmopolitismus über seinen eigenen Partikularismus (gleichsam ideologisch) täuscht und hinwegsetzt.[24] Das Weltbürgertum wäre in dieser Betrachtung eine Königsberger Einbildung; eine sehr wirkungsvolle Einbildung, aber doch eben nur eine eurozentrische oder – pointierter – eine ›provinzielle‹.[25]

Die in den Gegensatz eingeschriebene Problemstellung ist eine philosophisch grundsätzliche oder abgründige: inwiefern ist es möglich oder zu rechtfertigen, dass Aussagen getroffen werden, die die Geltungssphäre einer empirisch spezifischen Situation (oder gar einer historischen, sozialen Identität ...) überschreiten? Liegt nicht im wissenschaftlichen Wahrheitsanspruch selbst bereits eine unvermeidliche rationale Form, die sich nicht zuletzt transzendentalphilosophisch einholen und begründen lässt? Es wäre also möglich, dass sowohl der Satz »das Universale ist nicht partikular«, wie auch der Satz »das Universale kann nicht anders als partikular sein«, eine Voraussetzung machen, die in der *Frage nach dem Transzendentalen* (im Sinne einer *nicht* empi-

---

24 Diese Kritik findet sich in der postkolonialen Theorie seit Edward Saids Orientalismus und ebenso in der als ›dekolonial‹ apostrophierten Kritik von Enrique Dussel bis Catherine Walsh, die vom Konzept einer pluriversalen Transmoderne ihren Ausgang nimmt.

25 Vgl. Dipesh Chakrabarty, Europa als Provinz. Perspektiven postkolonialer Geschichtsschreibung [2000], übers. v. R. Cackett, Frankfurt a.M., New York 2010.

risch begründeten Form des Denkens) adressiert werden kann.

Die entscheidende Frage dürfte hier das »Wie?« sein. *Wie* kann es angegangen werden? Wenn es stimmt, dass in der Unterscheidung des Universalen vom Partikularen ein transzendentallogisches Argument steckt, dann müsste dieses Argument problematisiert werden können, sollte es (aus post- und dekolonialer Sicht) unschlüssig sein. Im Folgenden werde ich zunächst auf Kant eingehen, indem in einem ersten Schritt Passagen aus dem Anhang des Textes zum ewigen Frieden und die »Idee zu einer allgemeinen Geschichte in weltbürgerlicher Absicht« zum Thema gemacht werden. Im Anschluss daran steht die Rassentheorie zur Diskussion, die nicht zuletzt konsistent in die *Anthropologie in pragmatischer Hinsicht* eingebaut ist. Nach diesen rekonstruktiv angelegten Überlegungen wird die bei Kant vorfindliche Grundkonstellation im Verhältnis des Transzendentalen zum Empirischen problematisch. Aus meiner Sicht sind sich Michel Foucault und Gilles Deleuze darin einig, dass es ein Kennzeichen der folgenschweren epistemischen Festlegung eines spezifisch modernen, abendländischen Denkens ist, eine abstrakte Verdopplung des Empirischen als reine transzendentale Form auszugeben. Foucault stellt diese von ihm als »anthropologisch« bezeichnete Dublette in das kritische Zentrum seiner Archäologie[26]; ebenso behandelt sie Deleuze zentral in *Différence et Répétition* als »dogmatisches Bild des Denkens«.[27] In Anlehnung an neuere Stimmen aus der *Critical Philosophy of Race*, aber auch in Bezug auf Vertreter*innen post- und dekolonialen Denkens möchte ich zeigen, inwiefern die bei ihnen ins Werk gesetzten kritischen Operationen an die erwähnte poststrukturalistische Überarbeitung der Transzendentalphilosophie anknüpfen können.

I. Schlangen und Tauben

Der Begriff der Politik ist bei Kant an die praktische Philosophie, und d.h. an die Moraltheorie, gebunden. Zwischen Politik und Moral »kann es keinen Streit [...] geben«, so Kant im Anhang seines Entwurfs *Zum ewigen Frieden*.[28] Wenn es überhaupt eine Moral gibt – »als Inbegriff von unbedingt gebietenden Gesetzen, nach denen wir handeln *sollen*« – dann wäre es unge-

---

26 Vgl. Michel Foucault, Die Ordnung der Dinge. Eine Archäologie der Humanwissenschaften [1966], übers. v. U. Köppen, Frankfurt a.M. 1974, S. 367-412.

27 Vgl. Gilles Deleuze, Differenz und Wiederholung [1968], übers. v. J. Vogl, München 1992, S. 169-215.

28 Immanuel Kant, Zum ewigen Frieden. Ein philosophischer Entwurf [1795], in Werke Bd. 6, S. 191-251, hier S. 229.

reimt oder widersinnig, »noch sagen zu wollen, daß man es doch nicht *könne*«.[29] Politik ist nur eine »ausübende Rechtslehre« und setzt die Moral voraus.[30] »Die Politik sagt: ›*Seid klug wie die Schlangen*‹; die Moral setzt (als einschränkende Bedingung) hinzu: ›*und ohne Falsch wie die Tauben*‹.«[31]

Gegen den Einwand, aus der Natur des Menschen folge, dass dieser kein für alle verbindliches öffentliches Recht *wolle*, wendet sich Kant mit der Bemerkung, dass zwar »das Wollen *aller einzelnen* Menschen« dazu nicht hinreichend wäre, »sondern daß *alle zusammen* diesen Zustand wollen [müssten], damit ein Ganzes der bürgerlichen Gesellschaft werde.«[32] Zum partikularen Wollen tritt »eine vereinigende Ursache desselben hinzu [...], um einen gemeinschaftlichen Willen herauszubringen.«[33] Wie Kant unterstreicht, ist es allein »der a priori gegebene allgemeine Wille, [...] der, was unter Menschen Rechtens ist, bestimmt.«[34] An diesem Punkt wird seine Version des ursprünglichen Gesellschaftsvertrags erläutert, wie sie im ersten Definitivartikel zum ewigen Frieden zum Ausdruck kommt. *Die* Verfassung

---

29 Vgl. ebd., S. 228, 229 [Herv. MR].
30 Vgl. ebd., S. 229.
31 Ebd., S. 229.
32 Vgl. ebd., S. 230, 231.
33 Vgl. ebd., S. 231.
34 Vgl. ebd., S. 240-241.

ist eine republikanische, die aus Freiheits- und Gleichheitsprinzipien hervorgeht und die rechtliche Gesetzgebung eines Volkes begründet.[35] Wer den Menschen wirklich »kennt« – in einem philosophischen oder »anthropologischen« Sinne – der (oder die) weiß, dass seine Natur nicht mechanisch zu bestimmen ist, sondern durch Freiheit – als eine nicht empirisch, sondern a priori gegebene Idee der praktischen Vernunft.[36] Sie begründet einen »gesetzmäßigen Zwang [...], durch welchen allererst eine zu Recht beständige Staatsverfassung möglich ist«.[37]

Es gibt also, noch einmal gesagt, keinen Streit zwischen der Moral und der Politik, jedenfalls gibt es, wie Kant an späterer Stelle präzisiert, »objektiv« keinen Streit (d.h. »in der Theorie«). »Subjektiv« allerdings gibt es ihn schon – wegen der verschiedensten egoistischen Interessen – und insofern dient er zum »Wetzstein der Tugend«.[38] Und damit sind wir im Feld der Geschichte. Dieses Feld spannt sich gewissermaßen zwischen den beiden Extremen des rein Transzendentalen und des rein Empirischen auf. Der philosophische Entwurf zum ewigen Frieden bezieht sich hier auf die

---

35 Vgl. ebd., S. 204.

36 Vgl. ebd., S. 235, 232.

37 Vgl. ebd., S. 235.

38 Vgl. ebd., S. 242.

geschichtsphilosophischen Überlegungen, die Kant in seinem Aufsatz »Idee zu einer allgemeinen Geschichte in weltbürgerlicher Absicht« (1784) bereits zehn Jahre früher vorgelegt hatte – und die für seinen Politikbegriff prägend sind. Der ›Wetzstein der Tugend‹ des subjektiv möglichen Streits zwischen der Moral und der Politik gehört in ein Verständnis der Geschichte, die von den konkurrierenden Interessen einer bürgerlichen Gesellschaft durchsetzt ist und zugleich einer kosmopolitischen Idee untersteht, die in dem historischen Tumult mannigfaltiger Begebenheiten und Konflikte eine Ordnung der allgemeinen Entwicklung der Menschheit zu entziffern vermag. Kant bezieht sich auf diese Idee, wenn er in seinem Friedensentwurf schreibt: »Die Vorsehung im Laufe der Welt ist hiebei gerechtfertigt; denn das moralische Prinzip im Menschen erlöscht nie, die, pragmatisch, zur Ausführung der rechtlichen Ideen nach jenem Prinzip tüchtige Vernunft wächst noch dazu beständig durch immer fortschreitende Kultur […].«[39] Zwar kann die Vorsehung ebenso wenig wie der Fortschritt objektiv erkannt werden; und metaphysische Argumente einer Theodizee sind für den kritischen »Standpunkt der Beurteilung […] viel zu hoch.«[40]

---

39 Vgl. ebd., S. 243.

40 Vgl. ebd.

Aber wir dürfen festhalten, dass »die reine[n] Rechtsprinzipien objektive Realität [haben]«, nämlich sofern sie sich »ausführen lassen«.[41] Die »empirische Politik« kann gegen diese Möglichkeit nichts einwenden – und die »wahre Politik kann also keinen Schritt tun, ohne vorher der Moral gehuldigt zu haben.«[42]

Die Idee der Geschichte erläutert einen Modus dieser Ausführung. Kant spricht von dieser Idee wiederholt als von einem »Leitfaden a priori«, mit dem es gelingen könnte, eine Geschichte von den menschlichen Handlungen als Erscheinungen des freien Willens zu erzählen, die einen »regelmäßigen Gang« aufweisen.[43] Der Konjunktiv hat Methode, sofern der Leitfaden an eine Naturabsicht gebunden ist, deren Zweckmäßigkeit nicht im strengen Sinne erkannt, sondern lediglich im reflektierenden Urteil aus dem historischen Material, als ob es zweckmäßig wäre, herausgelesen werden kann.

> »Es ist hier keine Auskunft für den Philosophen, als daß, da er bei Menschen und ihrem Spiele im großen gar keine vernünftige *eigene Absicht* voraussetzen kann, er versuche, ob er nicht eine *Naturabsicht* in diesem widersinni-

---

41 Vgl. ebd.

42 Vgl. ebd.

43 Kant, Idee zu einer allgemeinen Geschichte, S. 49, 33.

gen Gange menschlicher Dinge entdecken könne; aus welcher, von Geschöpfen, die ohne eigenen Plan verfahren, dennoch eine Geschichte nach einem bestimmten Plane der Natur möglich sei.«[44]

Diese Absicht der Natur – oder die »Vorsehung«, wie sie Kant auch nennt – ist ein merkwürdiges Gebilde, das in die teleologische Naturlehre eingeht, und durch sie vermittelt in die politische Philosophie; in letzter Instanz bringt sie sich im Menschen als moralisches Wesen als »Endzweck der Schöpfung« zum Ausdruck.[45] Zwischen den Feldern der Natur, der Kultur und der Moral werden systematische Verbindungen geknüpft. Für meine Zwecke genügt es an dieser Stelle, diese Verbindungen deutlich zu machen. Erstens heißt es bei Kant: »Alle Naturanlagen eines Geschöpfes sind bestimmt, sich einmal vollständig und zweckmäßig auszuwickeln.«[46] Hiermit zielt er zunächst auf die (quasi biologische) Organisation aller Lebewesen. In einem zweiten Schritt wird aber deutlich gemacht, dass der Mensch (im Unterschied zum Tier) seine natürlichen Anlagen nur im Rahmen einer *»gerechte[n]*

---

44 Ebd., S. 34.

45 Vgl. Immanuel Kant, Kritik der Urteilskraft [1790], hg. v. K. Vorländer, Hamburg 1993, S. 306 (§ 84).

46 Vgl. Kant, Idee zu einer allgemeinen Geschichte, S. 35.

bürgerliche[n] Verfassung« vollständig auszubilden in der Lage ist.[47] Dieser Satz wird vorbereitet, indem die Entwicklung der menschlichen Naturanlagen, »*die auf den Gebrauch seiner Vernunft [abzielen]*«, auf die Gattung und nicht auf das Individuum bezogen werden. Wie Kant sagt, liegt das Ziel dieser Entwicklung »in der Idee des Menschen«.[48] Innerhalb der Kultur ist eine Weitergabe des Erlernten von einer Generation zur nächsten möglich. Als vernünftiges Wesen überschreitet der Mensch »die mechanische Anordnung seines tierischen Daseins« und verschafft sich selbst als ein frei handelndes Wesen eine größere Vollkommenheit in seinen Lebensbedingungen.[49] Dies habe die Natur so gewollt – sie gab dem Menschen Vernunft und Freiheit des Willens; das von ihr eingesetzte Mittel, ihre Zwecke zu erreichen, ist die vielzitierte »*ungesellige Geselligkeit*«.[50] Sie ist ein Habitus, der in der menschlichen Natur veranlagt ist: sowohl die Gesellschaft zu suchen, wie auch sie zu meiden. In diesem Antagonismus liegt die Kraft, die den Menschen zur beständigen Weiterentwicklung antreibt; wenn auch nicht alle Menschen, wie wir gleich sehen werden. Historisch betrach-

---

47 Vgl. ebd., S. 39.
48 Vgl. ebd., S. 35.
49 Vgl. ebd., S. 36.
50 Vgl. ebd., S. 37.

tet, geschehen hier »die ersten wahren Schritte aus der Rohigkeit zur Kultur«, sofern im wild-natürlichen Zustand »alle Talente auf ewig in ihren Keimen verborgen bleiben« bzw. »alle vortrefflichen Naturanlagen in der Menschheit ewig unentwickelt schlummern.«[51]

Ihre Entwicklungen werden von Kant im Feld der Kultur, dann aber vor allem in der politischen Geschichte thematisiert. Auf der einen Seite wird wiederum die Vernunft geltend gemacht, die benötigt wird, um einen allgemein gültigen Willen – zur (politischen) Beherrschung der vielen partikularen Eigenwillen – einzusetzen. Auf der anderen Seite werden die antagonistischen Kräfte konfligierender Interessen im »äußeren Staatenverhältnis« wiedergefunden, so dass »der gesetzlose Zustand der Wilden« erst mit dem Eintreten in einen weltbürgerlichen Völkerbund überwunden wird.[52] Zwischen dem ›primitiven‹ Dasein kulturloser Völker und demjenigen der vorbürgerlichen Gesell-

---

51 Vgl. ebd., S. 38. An dieser Stelle wird sichtbar, inwiefern der unentwickelte (rohe oder wilde) Stand der Naturanlagen auf eine generelle ›Primitivität‹ des Menschen verweist; siehe dazu unten die Ausführungen zu Ernst Cassirer. Entwicklung der Anlagen dagegen bedeutet Zivilisation oder Kultur. »Alle Kultur und Kunst, welche die Menschheit zieret, die schönste gesellschaftliche Ordnung, sind Früchte der Ungeselligkeit, die durch sich selbst genötigt wird, sich zu disziplinieren, und so, durch abgedrungene Kunst, die Keime der Natur vollständig zu entwickeln.« Ebd., S. 40.

52 Vgl. ebd., S. 41, 42.

schaft wird ein Zusammenhang hergestellt, der in den unentwickelten natürlichen Anlagen des Menschen gründet. Ausdrücklich betont Kant, dass »der wilde Mensch« nur über »eine brutale Freiheit« verfügt, die in »einer gesetzmäßigen Verfassung« aufgegeben werden muss.[53] Der geschichtliche Fortschritt der Menschheit vollzieht sich eben mit der Ausbildung ihrer Talente oder durch die Entwicklung der in ihren Keimen schlummernden Potentiale. Dabei scheint die Natur »einen regelmäßigen Gang« zu verfolgen, »unsere Gattung von der untersten Stufe der Tierheit an allmählich bis zur höchsten Stufe der Menschheit« zu führen.[54] Ich wiederhole noch einmal, dass diese unterste und quasi animalische Stufe nach Kant dem »zwecklosen Zustand der Wilden« entspricht, weil er »alle Naturanlagen unserer Gattung zurück hielt«.[55] Wie wir gleich sehen werden, erläutern die rassentheoretischen Überlegungen Kants dieses sozusagen vorhistorische Entwicklungsstadium des Menschen, weshalb die Philosophie der Geschichte und der Politik mit den anthropologischen Überlegungen zur Natur des Menschen und sei-

53 Vgl. ebd., S. 42.

54 Vgl. ebd., S. 43. Vgl. Kant, Kritik der Urteilskraft, S. 302-303 (§ 83).

55 Vgl. Kant, Idee zu einer allgemeinen Geschichte, S. 44.

ner Charakterisierung nach »Rassen« systematisch verbunden ist.

Bevor die Texte konsultiert werden, die sich explizit mit dem Rassenthema beschäftigen, möchte ich noch einen letzten Punkt anhand der Idee der Geschichte hervorheben. Kant macht deutlich, dass diese Idee insofern eine philosophische ist, als sie »die allgemeine Weltgeschichte nach einem Plane der Natur« bearbeitet, die auf die »vollkommene bürgerliche Vereinigung in der Menschengattung« abzielt.[56] Eine solche Bearbeitung könnte romanhaft erscheinen; aber sie ist eine Möglichkeit, das »sonst planlose Aggregat menschlicher Handlungen [...] als ein System darzustellen«.[57] Sie orientiert sich, wie gesagt, an einem Leitfaden, an einer transzendentalen regulativen Idee (hier: der Freiheit), die in praktischer Absicht gebraucht wird. Allerdings bleibt sie nicht transzendent von aller Erfahrung abgehoben: »Daß ich mit dieser Idee einer Weltgeschichte [...] die Bearbeitung der eigentlichen bloß empirisch abgefaßten Historie verdrängen wollte: wäre Mißdeutung meiner Absicht.«[58] Die Bearbeitung ist eine Ausführung der Geschichte, die in ihr alles berücksichtigt, was als Fortschritt hin zur Realisierung der Bestimmung des Men-

56 Vgl. ebd., S. 47.
57 Vgl. ebd., S. 48.
58 Vgl. ebd., S. 49.

schen gelten kann. In diesem Sinne ist der Fortschritt an den geschilderten Antagonismus gebunden, der sich vor allem in den weltweit vernetzten wirtschaftlichen Beziehungen manifestiert. Zugleich ist er auf ein »gelehrtes Publikum« bezogen, das die Gesichtspunkte der Bildung aus der Aufklärung, der französischen Revolution und der politischen Geschichte Europas, in letzter Instanz aus dem moralischen Gesetz gewinnt.[59] Und aller weltbürgerlichen Orientierung zum Trotz gibt er sich in seiner durchaus kolonialen Struktur leicht zu erkennen: »so wird man einen regelmäßigen Gang der Verbesserung der Staatsverfassung *in unserem Weltteile (der wahrscheinlicher Weise allen anderen dereinst Gesetze geben wird)* entdecken.«[60]

Eine strikte Trennung des Transzendentalen und des Empirischen lässt sich in der Philosophie der Geschichte (bzw. in der politischen Philosophie) nicht durchhalten, wenngleich die Idee aus der transzendentalen Dialektik als problematische bekannt ist und ihr regulativer Gebrauch keineswegs mit dem konstitutiven der reinen Verstandesbegriffe, wie er aus der transzendentalen Analytik geläufig ist, verwechselt werden darf.[61] Schließlich ist die von Kant skizzierte geschicht-

59 Vgl. ebd., S. 48, 50.

60 Ebd., S. 48 [Herv. MR].

61 Vgl. Immanuel Kant, Kritik der reinen Vernunft [1781/87], Ham-

liche (und kosmopolitisch ausgestaltete) Ordnung nur vor dem Hintergrund der philosophischen Idee möglich. Analog der Organisation des Lebens (bzw. des freien Spiels der Erkenntnisvermögen in der ästhetischen Erfahrung), wie sie in der *Kritik der Urteilskraft* verhandelt wird, wird auch die Geschichte nur als eine zweckmäßig aufgefasste in ihrer Bedeutung sichtbar.[62] Die natürliche Teleologie spielt in der Rassentheorie ebenfalls eine zentrale Rolle[63] – und die Einbettung des Rassenthemas in die Anthropologie weist die im Feld der Geschichte herausgestellten empirisch-transzendentalen Äquivokationen auf.

Aus meiner Sicht ist es von entscheidender Bedeutung, »Rasse« bei Kant ausgehend von ihrer systematischen Lokalisierung im zweiten Teil der *Anthropologie in pragmatischer Hinsicht*, d.h. innerhalb der sog. Charakteristik, zu bestimmen.[64] Zwar stimmt es, dass der Begriff von Kant ganz direkt in zwei kleineren Aufsät-

---

burg 1990, A 312-332/B 377-389.

62 Vgl. Kant, Kritik der Urteilskraft, S. 232-244 (§§ 64-67).

63 Vgl. Jennifer Mensch, Kant's Organicism. Epigenesis and the Development of Critical Philosophy [2013], Chicago, London: University of Chicago Press, S. 92-109.

64 Marc Rölli, »Person and Character in Kant's Anthropology from a Pragmatic Point of View", in: Steve Palmquist (Hg.), Cultivating Personhood: Kant and Asian Philosophy, Berlin 2010, S. 447-454.

zen erarbeitet wird: in »Von den verschiedenen Rassen der Menschen«, ein Ankündigungstext der populären Vorlesungen über physische Geografie und Anthropologie (1775); und in »Bestimmung des Begriffs einer Menschenrace« (1785). Aber die Brisanz zeigt sich in ihrer ganzen Schärfe nur, wenn die »Rasse«, wie in der Anthropologie gefordert, als »Charakter« gefasst wird. Selbst ihr naturgeschichtliches Prinzip kann auf diese Weise erst umfassend erläutert werden.[65]

Das von Kant in der Vorlesungsankündigung entwickelte und von ihm als »naturgeschichtlich« bezeichnete Rassenverständnis bezieht sich auf vererbliche »Abartungen«, die aus einem »Stamm« einer Fortpflanzungsgemeinschaft hervorgehen. Alle Menschen gehören daher zu *einer* Naturgattung (weil sie miteinander fruchtbar sind), weshalb die Verschiedenheiten unter ihnen nicht solche der Art, sondern der »Rasse«

65 Dieses Prinzip ist Dreh- und Angelpunkt der rassentheoretischen Überlegungen der genannten zwei Aufsätze. Es findet sich auch im Titel der Arbeit Girtanners, auf die Kant in der Buchfassung der Anthropologie – im Rahmen der Einteilung der Charakteristik bzw. im Abschnitt über den Charakter der ›Rasse‹ – Bezug nimmt. Vgl. Christoph Girtanner, Ueber das Kantische Prinzip für die Naturgeschichte. Ein Versuch diese Wissenschaft philosophisch zu behandeln, Göttingen 1796. Tatsächlich nutzt Girtanner die Rassentheorie Kants, um die Naturgeschichte philosophisch zu begründen und eine Abhandlung über die ›Rassen‹ der Menschen, aber auch der Tiere (Säugetiere und Vögel) und der Pflanzen zu schreiben.

(als »Abartungen« bzw. Unterarten) sind, sofern sie sich in wesentlichen vererblichen Merkmalen beständig erhalten und mit anderen »Rassen« »halbschlächtig zeugen«.[66] Kant unterscheidet in diesem frühen Text vier »Rassen«: »Weiße«, »N....«, »Hunnen« und »Hindus«.[67] In ihnen lagern sich die im Reproduktionsprozess herausgebildeten erblichen Unterschiede ab, die sich in ihrem (natürlichen) Charakter auswirken. Dieser Vorgang wird genauer erklärt, indem der Stamm, aus dem sich die »Rassen« entwickeln, als ein quasi virtuell identischer »Keim« beschrieben wird, der bereits

---

[66] Vgl. Immanuel Kant, Von den verschiedenen Rassen der Menschen [1775], in: Kant, Werke Bd. 6, S. 7-30, hier S. 12. »Auf diese Weise sind N.... und Weiße zwar nicht verschiedene Arten von Menschen (denn sie gehören vermutlich zu einem Stamm); aber doch zwei verschiedene Rassen.« Ebd. --- Für begriffsgeschichtlich sozialisierte Philosoph*innen dürfte es kontraintuitiv sein, das N-Wort in Zitaten nicht auszuschreiben. Schließlich kommt alles darauf an, die Kritik am Text belegen zu können. Als Lehrender an einer Kunsthochschule habe ich in letzter Zeit aber auch gelernt, dass die Auffassungen in dieser Sache sehr unterschiedlich sind. Es wäre allerdings aus meiner Sicht ein Fehler, wenn die Kritik selbst nicht deutlich artikuliert werden dürfte: ich gehe davon aus, dass das im Zitat verkürzte Wort eindeutig zu entziffern ist. Hinzufügen möchte ich, dass der Gebrauch des N-Wortes in damaliger Zeit (aber natürlich auch bei Fanon oder Mbembe) keineswegs automatisch rassistische Einstellungen verrät: auch die klaren Gegner*innen der Sklaverei, etwa Georg Forster (nicht zuletzt in seinen Stellungnahmen gegen Kant), verwenden das Wort.

[67] Vgl. ebd., S. 14.

alle Entwicklungsmöglichkeiten der Naturanlagen in sich enthält.[68] Allerdings ist die jeweils ›rassenspezifische‹ Realisierung des Möglichen eine unumkehrbare. In ihr verfestigen sich die charakteristischen Verschiedenheiten – und in diesem so erreichten Stadium »widersteht [der bereits gebildete Charakter der Rasse] aller Umformung«.[69] Aus ihr leitet Kant auch den Vorzug der weißen »Rasse« ab.[70]

Es wäre sicherlich verfehlt, einfach die Entwicklung einer Theorie der ›Rassen‹ für den Rassismus verantwortlich zu machen. Aber es ist auch nur schwer vorstellbar, wie ohne ein Konstrukt von ›Rassen‹ der Rassismus möglich wäre. Eine Sonderstellung der europäischen und eine entsprechende Abwertung nichteuropäischer Völker findet sich – etwa bei Kant in seinen dafür berüchtigten *Beobachtungen über das Gefühl des Schönen und Erhabenen* (1764) – auch in Texten, die den Begriff der ›Rasse‹ weder kennen noch verwenden. Vielleicht würden wir heute dahin tendieren, solche klar diskriminierenden Auffassungen bestimmter Menschengruppen rassistisch zu nennen. Dennoch können wir etwas lernen, wenn wir versuchen nachzuvollziehen, wie sich der Begriff der ›Rasse‹ in der Theorie

68 Vgl. ebd., S. 17-18.

69 Vgl. ebd., S. 29. Vgl. ebd., S. 21.

70 Vgl. ebd., S. 27.

konsolidieren konnte.[71] Die in letzter Zeit in der post- und dekolonialen Literatur vehement geforderte epistemische Außerkraftsetzung der Kolonialität der Macht zielt – aus meiner Sicht völlig zurecht – darauf ab, gleichzeitig mit der epistemologischen Identifizierung wesentlicher Aspekte des rassistischen Denkens diese Denkweise und den mit ihr verschränkten Machtkomplex auf Abstand zu halten bzw. aufzulösen.[72]

Es ist wahrscheinlich, dass das deutsche Wort ›Rasse‹ bei Kant als eine Übersetzung der ›variétés‹

---

71 Die Formel »Rassismus macht Rassen« (z.B. der Jenaer Erklärung von 2019, vgl. https://www.uni-jena.de/unijenamedia/universitaet/abteilung-hochschulkommunikation/presse/jenaer-erklaerung/jenaer-erklaerung.pdf; zuletzt geöffnet am 31.10.2023) greift etwas zu kurz. Tatsächlich ist es die natürliche Beschaffenheit (Blut, Keime, Zellen, Gene), die mit dem Begriff der Rasse als ein angeblicher Faktor einer nicht-biologisch umrissenen (ethnisch-kulturellen) Gruppe von Menschen naturalistisch stabilisiert werden kann. In der auf eine fixe Natur spekulierenden Stabilisierung einer künstlich isolierten Gruppe (z.B. Schwarze, Rote, Gelbe) liegt die Funktion des Rassenbegriffs. Seine Geschichte (z.B. im anthropologischen Feld des Wissens im langen 19. Jahrhundert) macht die spezifisch rassistisch operierende Diskriminierungslogik in ihren Grundzügen nachvollziehbar. Diese ist mithin nicht einfach als ›irrational‹ einzuschätzen, sondern impliziert epistemische Annahmen, die es zu problematisieren gilt.

72 Vgl. Aníbal Quijano, Kolonialität der Macht, Eurozentrismus und Lateinamerika [2000], übers. v. A. Jenss u. S. Pimmer, Wien, Berlin 2016, S. 21-62; Walter Mignolo, Epistemischer Ungehorsam. Rhetorik der Moderne, Logik der Kolonialität und Grammatik der Dekolonialität [2006], übers. v. J. Kastner u. T. Waibel, Wien, Berlin 2012, S. 45-58.

Georges-Louis Leclerc de Buffons angesehen werden kann. In der ab 1771 erscheinenden Berliner Ausgabe seiner *Histoire Naturelle*, die ein Kapitel mit dem Titel »Variétés dans l'espèce humaine« enthält, wird »variété« mit ›Rasse‹ übersetzt. Allerdings nicht durchgängig, und die ziemlich unbestimmt hin und her gehende Verwendung anderer Begriffe (Geschlecht, Art, Gattung, Klasse, Varietät, Spielart, Menschenschlag) war zu dieser Zeit weit verbreitet. Johann Friedrich Blumenbachs *De generis humani varietate nativa* erscheint 1775 (im selben Jahr wie Kants erster Text zu den ›Menschenrassen‹) und bestätigt diesen Befund.[73] Sein lateinischer Begriff der *varietas* kann ebenfalls auf die allgemeine Naturgeschichte Buffons zurückgeführt werden – und in späteren Arbeiten schreibt er das französische »race« (das sich sporadisch auch bei Buffon findet: »la race des N.....«, »la race des Blancs«) und auch das deutschsprachige »Rasse«.[74]

---

73 Die deutsche Übersetzung von J.G. Gruber (der überarbeiteten Fassung der dritten lateinischen Auflage) erscheint aber als Johann F. Blumenbach, Über die natürlichen Verschiedenheiten im Menschengeschlechte, Leipzig 1798.

74 Vgl. dazu Norbert Klatt, Kleine Beiträge zur Blumenbach-Forschung, Bd. 3, Göttingen 2010, abrufbar unter: http://webdoc.sub.gwdg.de/ebook/mon/2012/ppn%20721147143.pdf (zuletzt geöffnet am 31.10.2023). Das französische »race« wird bereits seit dem 16. Jahrhundert verwendet, z.B. im historisch-politischen Kontext des »Rassenkampfs« bei Henri de Boulainvilliers, der fränkische und gal-

Im Unterschied zu Buffon und Blumenbach unternimmt es Kant, den Begriff der ›Rasse‹ terminologisch zu bestimmen. Sein zweiter Text dazu aus dem Jahr 1785 bringt zwar in der Sache wenig Neues, ist aber begrifflich strikter und löst einige Kontroversen aus (die bekannteste ist die mit Georg Forster), die im deutschsprachigen Raum den Rassenbegriff mehr und mehr etablieren. Hier muss es genügen zu wiederholen, dass Kant mit seinem teleologischen Naturdenken ein neues Prinzip in die Naturgeschichte einführt, das in die Keime, aus denen sich die Menschen entwickeln, eine Absicht oder Fürsorge der Natur (in involvierter Form) hineinlegt. Die vier ›Rassen‹, die aus ihnen hervorgehen, sind streng voneinander unterschieden, sofern sie sich – geografisch bedingt – in verschiedene Richtungen entwickelt und das ursprünglich undifferenzierte und

---

lische »races« unterscheidet (eine Differenz, die auf den Konflikt zwischen Geburtsadel (noblesse de race) und Amtsadel verweist), aber auch in der taxonomischen Spekulation zunächst bei François Bernier, »Nouvelle division de la terre par les différentes espèces ou races d'hommes qui l'habitent«, in: Journal des sçavans, Bd. 6, 1684, S. 133–140. Noch älter sind Belege der spanischen »raza« im 15. Jahrhundert, die auf die Reconquista bezogen sind – und insbesondere jüdische und maurische Konvertit*innen von »echten« Altchrist*innen zu unterscheiden erlaubt. »Mit den Statuten zur Blutreinheit wurde aus dem Religionsproblem eine Rassenfrage.« Tino Plümecke, Rasse in der Ära der Genetik. Die Ordnung des Menschen in den Lebenswissenschaften, Bielefeld 2013, S. 67.

allgemein menschliche Entwicklungspotential spezifisch realisiert und gleichsam verfestigt haben. Die aus dem Stamm entstehenden »Abartungen« sind nach Kant vererblich – und ihre Unterschiede an den verschiedenen Färbungen der Haut (weiß, schwarz, rot, gelb) auch äußerlich ablesbar.[75]

In der »Menschenkunde«, d.i. eine von Friedrich Starke 1831 separat herausgegebene Nachschrift der im Wintersemester 1781-82 von Kant gehaltenen Anthropologievorlesung, heißt es dann: »Die Race der Weißen enthält alle Triebfedern und Talente in sich«, und dies im Unterschied zu den anderen »Rassen«: die amerikanischen Ureinwohner »sind faul«, nehmen »keine Bildung an«; die »N....« haben eine »Bildung der Knechte«, »lassen sich abrichten«; und die »Hindus«,

---

75 Mit Blumenbach spricht Girtanner nicht von vier, sondern von fünf ›Rassen‹. Es kommen noch die ›braunen Malaien‹ hinzu. Mit Kant hält Girtanner daran fest, dass die Unterschiede der Hautfarbe nicht nur klimatisch bedingt sind (und daher verschwinden, wenn sich der Aufenthaltsort ändert). Es handelt sich, wie er sagt, bei der Färbung der Haut nicht um ›Schminke‹. – Bekanntlich ist diese Auffassung längst überholt. Selbst die europäischen Menschen besaßen anfangs eine sehr dunkle Hautfarbe, da sie (vor 60.000 Jahren) aus den heißen Gegenden Ostafrikas migrierten. Die dunkle Farbe wurde mit der Zeit heller, da eine hellere Haut für die Ackerbau treibenden Menschen aufgrund einer besseren Vitamin-D-Anreicherung in den nördlichen und weniger sonnenreichen Gebieten vorteilhaft war. Vgl. Johannes Krause, Thomas Trappe, Die Reise unserer Gene. Eine Geschichte über uns und unsere Vorfahren, Berlin 2019.

selbst wenn sie eine gewisse Bildung haben, »bringen es niemals bis zu abstrakten Begriffen« und glänzen lediglich »in der Betrügerei«. Nur die weiße »Rasse« »muß man etwas genauer betrachten« – im Hinblick auf ihren verschiedenen Volkscharakter.[76] »Wenn irgend Revolutionen entstanden sind, so sind sie immer durch die Weißen bewirkt worden und die Hindus, Amerikaner, N.... haben niemals daran Theil gehabt.«[77]

Zitate wie dieses könnten nahelegen, dass diskriminierende Äußerungen nicht auf den Ausdruck ›Rasse‹ angewiesen sind. Das ist sicher richtig – und doch hat der Begriff epistemisches Gewicht. Zu bedenken ist, dass Kant eine anthropologische Denkfigur entwirft, die in die Natur des Menschen Unterscheidungen (gemäß einer Zugehörigkeit zu einer »Rasse«) einträgt. Sie machen es möglich, bei bestimmten, d.h. charakteristisch besonderen Menschen nicht nur Entwicklungsdefizite zu behaupten, sondern vor allem eine (angeblich) faktische Unmöglichkeit, sich überhaupt weiter zu entwickeln. Und das ist, aus meiner Sicht, der entscheidende Punkt. Natürliche Unterschiede (im Sinne der

---

[76] Vgl. Friedrich Chr. Starke (Hg.), Immanuel Kant's Menschenkunde oder philosophische Anthropologie. Nach handschriftlichen Vorlesungen 1781-82, [1831], in: Immanuel Kant, Akademie-Ausgabe, Bd. 25, Berlin 1997, S. 849-1203, hier S. 1187.
[77] Ebd., S. 1188.

»Rasse«) gelten bei Kant als statisch oder unveränderlich (»unausbleiblich erblich«) und sie stehen in einem charakteristisch bestimmbaren Verhältnis zu diversen Eigenschaften oder Fähigkeiten, die im Bereich der Psychologie, aber auch in den Feldern von Kultur, Politik und Geschichte abgehandelt werden.[78] Wer (von Natur aus) unfähig ist, sich selbst zu regieren, der wird eben von außen regiert. Oder auch umgekehrt: wer es sich gefallen lässt, despotisch unterjocht zu werden, der ist eben auch (von Natur aus) unfähig, sich selbst zu beherrschen. Tatsächlich ist der anthropologische Charakter nach Kant einerseits ein *empirischer* Charakter, der sowohl natürlich (physiologisch) als auch kulturell

---

[78] In beiden Hinsichten (statisch, physisch-psychisch) unterscheidet sich die Kantische philosophische Theorie der ›Rasse‹ z.B. von derjenigen Blumenbachs, die keine strikten oder starren Abgrenzungen der ›Rassen‹ voneinander kennt und sich auf naturgeschichtliche Ausführungen beschränkt (d.h. sich nicht auf kulturgeschichtliche Bezüge einlässt). Möglicherweise kommt hier ein restriktiver Zug in Kants Deutung des Bildungstriebs zum Vorschein. Vgl. Catherine Malabou, Before Tomorrow. Epigenesis and Rationality [2014], übers. v. C. Shread, Cambridge, Malden 2016, S. 55-60. Wichtiger ist aber die von Kant eröffnete Möglichkeit, im Begriff der ›Rasse‹ natürliche wie auch kulturelle Bestimmungen zu verbinden. Das wird im Laufe der rassenanthropologischen Entwicklungen dazu führen, in der ›Rassenmischung‹ nicht nur kulturellen Niedergang, sondern gleichzeitig auch biologische Degenerationsgefahren ausfindig zu machen. Dies dokumentieren etwa Galtons Eugenik, die sog. Rassenhygiene (nach Schallmayer und Ploetz) und die aus ihnen resultierenden biopolitischen Entwicklungen.

(pragmatisch) zu bestimmen ist. Andererseits ist er begrifflich an einen *reinen* Charakter (Gattung, Person) gebunden.[79] Und an dieser Stelle ist deutlich zu erkennen, dass das hierarchische Denken seiner Beurteilung – in Bezug auf kulturelle oder pädagogische Standards, politische oder rechtliche Verhältnisse usw. – das praktische Ideal der moralischen Bestimmung in die historisch konkretisierbare Entwicklungslinie der menschlichen Perfektibilität »durch fortschreitende Kultur« hineinprojiziert.[80] Damit erhält die transzendentale Idee eine empirische Relevanz, die sie streng genommen nicht besitzen kann, wenn sie nicht auf empirische Sachverhalte zu applizieren wäre.

II. Das Transzendentale dekolonisieren

Foucault macht in *Les mots et les choses* einen bemerkenswerten Vorschlag, wie mit dem Problem des Transzendentalen umzugehen wäre. In einem Abschnitt, der vielleicht den systematisch am intensivsten ausgearbeiteten Beitrag Foucaults zur philosophischen Kritik ent-

---

[79] Im Abschnitt über den Charakter der Gattung findet sich eine entsprechende Erläuterung der drei Anlagen (natürlich-technisch, kulturell-pragmatisch, moralisch). Vgl. Kant, Anthropologie in pragmatischer Hinsicht, S. 674.

[80] Vgl. ebd.

hält – eventuell abgesehen von seinem Entwurf einer Machtanalytik in *La volonté de savoir* –, wendet er sich gegen das von ihm sog. anthropologische Postulat des modernen Wissens. Es bezeichnet eine Verdopplung, »im Menschen das Empirische für das Transzendentale [...] gelten zu lassen.«[81] Sie wird als empirisch-transzendentale Dublette (*doublet empirico-transcendantal*) bezeichnet. Ziel seiner Überlegungen ist es, das Denken aus dem anthropologischen Schlummer zu wecken. Es ist daher notwendig, das Feld des anthropologischen Diskurses zu durchqueren und hinter sich zu lassen: »Alle Anstrengungen, neu zu denken«, so heißt es bei Foucault, richten sich auf die »Entwurzelung (*déracinement*) der Anthropologie«.[82] Diese Forderung wird Deleuze in *Différence et répétition* aufgreifen, wenn er seinerseits das dogmatische Bild des Denkens mit dem Konzept des transzendentalen Empirismus zurückweist. Der transzendentale Empirismus ist nach Deleuze die konsistente Antwort auf die von Foucault analysierte empirisch-transzendentale Dublette.[83]

---

81 Foucault, Ordnung der Dinge, S. 388.

82 Vgl. ebd., S. 411-412.

83 Vgl. Deleuze, Differenz und Wiederholung, S. 187. Vgl. ebd., S. 176-177. Die Reihenfolge der zusammengestellten Wörter (empirisch/transzendental) verweist auf die notwendige Umkehrung, die im transformativen Übergang vom ›Empirisch-Transzendentalen‹ zum ›Transzendental-Empirischen‹ liegt.

Wie also sieht Foucaults Behandlung des Transzendentalen aus – und wie tangiert sie die möglichen Reflexionen über sein Nachleben? Im Kern wendet sie sich gegen eine Reduplikation des Empirischen im Transzendentalen, d.h. gegen eine implizite epistemische Operation, die abstrakte Merkmale einer gegebenen Empirizität als transzendentale Formelemente begreift. Angesiedelt wird sie in einer Analytik, die einer Ästhetik und einer Dialektik vorausliegt. Alle drei werden als transzendentale Disziplinen bestimmt – und damit auf die Kantische Einteilung der *Kritik der reinen Vernunft* bezogen.

Mit anderen Worten: die moderne episteme wird rekonstruiert, indem positive Inhalte (Leben, Arbeit, Sprache) vor dem Hintergrund der endlichen Existenz platziert werden, die einerseits deren Erkenntnisfähigkeiten übersteigen und andererseits doch im Menschen begründet werden sollen. Diese moderne epistemologische Situation gilt nach Foucault als instabil. Der in Anspruch genommene Mensch ist ungleichzeitig mit sich selbst (oder »nicht zeitgenössisch mit seinem Sein«[84]) – und darin liegt zweierlei: zum einen wird er verführt, quasi analytisch seine Situation zu begründen bzw. ein einheitliches Fundament ausfindig zu machen.

---

84 Vgl. Foucault, Ordnung der Dinge, S. 404.

Zum anderen entgleitet ihm seine Situation – und dies provoziert einen Verlust der Orientierung bzw. eine Neuorientierung, die in der überbordenden Empirizität (des Lebens, der Arbeit und der Sprache) dann Strukturen – Deleuze könnte sagen: eines transzendentalen Unbewussten – zu bestimmen sucht, die nicht in einer traditionell verstandenen transzendentalen Subjektivität zu begründen sind. In diesem Sinne bezeichnet Deleuze den Strukturalismus als eine neue Transzendentalphilosophie, weil sie sich mit den virtuellen Bedingungen der Erfahrung beschäftigt, wenn auch nicht mehr mit abstrakten Bedingungen ihrer Möglichkeit.[85]

Im Licht dieser Überlegungen kann das Kantische Unternehmen mit seiner (teils impliziten) post- oder dekolonialen Kritik zusammengedacht werden. Tatsächlich machen Foucaults Ausführungen klar, dass die Philosophie von Politik und Geschichte einerseits und die Philosophie der Natur (bzw. der Naturgeschichte und der ›Rasse‹) andererseits im Kantischen Rahmen auf eine analytische Begründung angewiesen sind, die ihnen im Begriff der menschlichen Vernunft (bzw. des reinen Charakters der Person oder der Gattung als

85 Vgl. Gilles Deleuze, Woran erkennt man den Strukturalismus? [1973], übers. v. E. Brückner-Pfaffenberger u. D.W. Tuckwiller, Berlin 1992, S. 17.

Bestimmung der Menschheit) geliefert wird. In Foucaults Worten: Dialektik der Geschichte und Ästhetik der Natur gründen in der quasi »anthropologischen« Analytik, die gleichsam theoretische und praktische Vernunft koordiniert.[86] Die im südamerikanischen dekolonialen Denken geläufige Formel vom epistemischen Ungehorsam zielt auf nichts weniger als die Entkopplung (*delinking*) von der modernen episteme ab. Bei Walter Mignolo wird dieser Vorgang dreifach differenziert. Erstens problematisiert er das vereinheitlichende Geschichtsdenken im Sinne einer emanzipatorisch ausgerichteten Fortschrittserzählung. Zweitens wendet er sich von einer rassistischen Logik ab, die in einem »egologischen« Diskurs gründet, der die Andersheit im universalen Ich-Bezug gleichsam aufhebt, indem sie nur relativ auf das, was sie nicht ist, d.h. als eine minderwertige Existenzweise (der exotischen oder pathologischen Andersheit) aufgefasst wird. Und drittens verbindet er mit der diskursiven Verabsolutierung des europäischen Menschen in Natur und Geschichte koloniale Machtverhältnisse, die in ihren konkreten ökonomischen Ausformungen an epistemische Strukturen gebunden oder von ihnen getragen sind.[87] Wie so

---

86 Vgl. Foucault, Ordnung der Dinge, S. 385-387.

87 Vgl. Mignolo, Epistemischer Ungehorsam, S. 47-52, 112-113, 167-168.

viele andere zeitgenössische Stimmen fordert auch Mignolo einen radikalen Pluralismus, der anderen als anderen (quasi alteritätstheoretisch) Geltung verschafft, selbst wenn gegenwärtige Machtverhältnisse diese Gleichstellung als einen bloßen Traum erscheinen lassen. Mit Dipesh Chakrabarty könnte ich sagen, dass postkoloniale Geschichtsschreibung aus den Minderheitengeschichten heraus zu entwickeln ist, wenn sie sich nicht länger dem vereinnahmenden Blick der linearen Fortschrittsgeschichte der einen Menschheit und ihren geschichtsphilosophischen Prämissen fügt.[88] Mit bell hooks oder Kimberlé Crenshaw könnte ich auch sagen, dass es historisch und politisch im sog. schwarzen Feminismus auf die intersektionale (klassen-, race- und genderspezifische Gesichtspunkte verschränkende) Situation ankommt, die eben gerade nicht im Namen einer Emanzipation des Menschen zu verallgemeinern ist. Reichtum, whiteness und patriarchale Strukturen definierten gewissermaßen intrinsisch, wie ein freies Individuum vorzustellen ist. »Women's liberationists, white and black, will always be at odds with one another as long as our idea of liberation is based on having the power white men have."[89]

---

88 Vgl. Chakrabarty, Europa als Provinz, S. 67-87.

89 bell hooks, Ain't I a Woman. Black Women and Feminism, London 1982, S. 156.

Zwei weitere Punkte der aktuellen Diskussion sind für meine Überlegungen wichtig. Erstens wird ein Grundsatz der *Critical Philosophy of Race* erläutert, der für unseren Umgang mit dem Rassenbegriff maßgeblich sein könnte. Ich nenne ihn ihr Differenzprinzip. Es kann mit der teleologischen Überlegung Kants verknüpft werden. Zweitens wird die oben angegebene Reduplikationsthese auf die transzendentale Idee der Moralität angewendet. Schließlich könnte es scheinen, dass Kant zwar im Rahmen seiner Natur- und Geschichtslehre, nicht aber im Kontext der strengen praktischen Philosophie die kategorialen Grenzen seiner eigenen Einteilungen verletzt.

Linda Martín Alcoff schreibt in *Philosophy Today* (1997), dass wir uns im kritischen Diskurs in einer »modernistischen Antinomie« verfangen hätten, »dass *race* (grundsätzlich) irrelevant ist, selbst wenn alles *race* ist.«[90] Widersprüchlich sind hier die beiden Annahmen, dass es im Sinne wissenschaftlicher Kriterien zwar keine Rassen gibt, ihnen aber in der sozialen Realität eine enorme Bedeutung (in politischer oder ökonomischer Hinsicht) zukommt.[91] Anthony Appiah unterstreicht

---

[90] Vgl. Linda M. Alcoff, »Philosophie und race als Identität« [1997], in: Kristina Lepold, Marina Martinez Mateo (Hg.), Critical Philosophy of Race. Ein Reader, Berlin 2021, S. 89-106, hier S. 93.

[91] Vgl. Mary-Claire King, Arno G. Motulsky, «Mapping Human

diesen Befund, wenn er davon spricht, dass sich keine in sich kohärente Bedeutung des Begriffs »race« ermitteln lässt *und* dennoch behauptet, dass es wichtig ist, die historisch ableitbaren »unscharfen Kriterien« zu berücksichtigen, »weil sie uns dabei helfen werden zu verstehen, was Menschen, die an Rassen glauben, denken.«[92] Schließlich handelten Menschen aufgrund ihrer Überzeugungen, ganz gleich, ob diese wahr seien oder nicht. Sally Haslanger schlägt vor, »race« wie gender zu verwenden, d.h. nicht als einen biologischen, sondern als einen »sozialen Typ«.[93] »Race« wäre so definiert als die »soziale Bedeutung des ›farbigen‹ […] Körpers«; und in dieser Fassung wäre der Begriff tauglich, um das kritisch zu analysieren, was sie als »Rassi-

---

History", in: Science 298 (2002), S. 2342-2343 und Noah Rosenberg u.a., «Genetic Structure of Human Populations", in: Science 298 (2002), S. 2381-2385, https://www.science.org/doi/10.1126/science.1078311; zuletzt geöffnet am 31.10.2023. Und dennoch besitzen die alten Begriffe noch heute eine gewisse Relevanz in der Forschung: vgl. Jada Benn Torres, »Anthropological Perspectives on Genomic Data, Genetic Ancestry, and Race«, in: Yearbook of Physical Anthropology 171 (2020), S. 74-86.

92 Vgl. K. Anthony Appiah, »Analyse: Gegen ›Rassen‹« [1996], in: Lepold, Martinez Mateo, Critical Philosophy of Race, S. 37-88, hier S. 45.

93 Vgl. Sally Haslanger, »Eine sozialkonstruktivistische Analyse von race« [2008], in: Lepold, Martinez Mateo, Critical Philosophy of Race, S. 107-126, hier S. 121.

fizierung« bezeichnet und als eine gegenwärtige soziale Praxis begreift.[94]

Ohne in die Feinheiten dieser Diskussionen einzusteigen sei hier nur hervorgehoben, dass Kants Ausführungen über die ›Rassen‹ von heute aus betrachtet als wenig bis überhaupt nicht plausibel gelten UND in ihrer gleichwohl wissenschaftlichen Relevanz für einen sich bildenden anthropologischen Diskurs im 19. Jahrhundert zu ›würdigen‹, d.h. in kritischer Absicht durchaus ernst zu nehmen sind. Es stimmt zwar, dass »Rasse« bei Kant kein empirischer Begriff ist und daher »nicht in einem System der Naturbeschreibung« vorkommt: es gibt nicht »das Ding [...] in der Natur«.[95] Das aber bedeutet nicht, dass es sich bei ihr um reine Spekulation handelte. Denn es gibt den Begriff in der Vernunft der Naturbeobachter*in (bzw. Naturhistoriker*in). Der Geltungsanspruch des teleologischen Urteils beruht auf einem subjektiven Grundsatz der reflektierenden Urteilskraft. Lebensprozesse (etwa des Bildungstriebs nach Blumenbach) sind nicht anders zu erhellen: ihnen muss eine Zweckmäßigkeit unterstellt werden, die ihr Wesentliches ausmacht – z.B. die reziprok aufeinander

---

94 Vgl. ebd., S. 123.

95 Vgl. Immanuel Kant, Über den Gebrauch teleologischer Prinzipien in der Philosophie [1788], in: Akademie-Ausgabe, Bd. 8, Berlin, Leipzig 1923, S. 157-184, hier S. 164.

wirkenden, in einem Organismus befindlichen Organe. In der Physik und im bestimmenden Urteil empirischer Erkenntnisse sind teleologische Zusammenhänge keine möglichen Gegenstände. Der Preis für die quasi neuartig ›biologisch‹ aktivierte Urteilskraft besteht darin, dass sie die organischen oder vitalen Bildungen lediglich so betrachten kann, »als ob« sie wirklich wären.[96]

Mit der Erinnerung an diese erkenntnistheoretischen Details will ich Kant allerdings nicht in Schutz nehmen – oder doch nur ein wenig. Aus meiner Sicht wird die Kantische Charakteristik (inkl. Rassentheorie) um die Jahrhundertwende (1800) zu einem wichtigen Bestandteil einer naturphilosophisch neu aufgestellten Anthropologie, welche die epistemischen Restriktionen, die für Kant noch verbindlich waren, nicht länger beachtet.[97] Damit aber konsolidieren sich die biologi-

---

96 Vgl. Kant, Kritik der Urteilskraft, S. 235-240 (§§ 65-66), 16 (Einl. IV). ›Rasse‹ ist bei Kant eindeutig ein teleologischer Begriff, der als ein Prinzip der »Naturgeschichte« angesehen wird, die von einer lediglich klassifizierenden »Naturbeschreibung« zu unterscheiden ist. In diesem Sinne liegt im teleologischen Moment der Naturgeschichte ein Bezugspunkt zu Blumenbachs epigenetischem Denken und eine wissenschaftstheoretische Brücke zur späteren Biologie. Vgl. Kant, Von den verschiedenen Rassen, S. 18, 11. Offenbar widerstreitet die Kantische Terminologie der üblichen Einteilung, welche in der Biologie das Ende der (klassifizierenden) Naturgeschichte ausmacht.

97 Vgl. Rölli, Kritik der anthropologischen Vernunft, S. 108ff., 219ff.

schen Wahrheitsansprüche einerseits und die kulturell-historischen andererseits. Das 19. Jahrhundert entwickelt eine fest verankerte anthropologische Betrachtung menschlicher Verschiedenheiten, die nicht nur biologisch konkretisiert wird, sondern ebenso psychologisch und kulturell; wobei regelmäßig eine Geschichte der Entwicklung der Menschheit erzählt wird, in deren Stadien nicht nur natürliche und kulturelle Merkmale aufeinander abgestimmt sind, sondern deren *telos* mit einem (stets europäisch gestalteten) Menschheitsideal verschmilzt.

Dieses Ideal liegt weniger in der Bestimmung des Menschen als Naturzweck denn als »Endzweck«, sich selbst als Vernunftwesen zu bestimmen.[98] Als intelligibles Wesen, das sich am moralischen Gesetz zu seinem Handeln bestimmt, ist das »höchste Gut« (bzw. der Zweck des moralisch bestimmten Willens) »ein wahres Objekt«, nicht sofern es empirisch gegeben wäre, sondern sofern es »praktisch möglich« ist.[99] Ebenso besitzen die Ideen der spekulativen Vernunft durch ihre Beziehung auf das Praktische Realität, wenngleich nur so, wie das Postulat der Freiheit auf problematischem Niveau gedacht, nicht aber notwendig zur Erschei-

---

98 Vgl. Kant, Kritik der Urteilskraft, S. 431 (§ 83).

99 Vgl. Immanuel Kant, Kritik der praktischen Vernunft [1788], hg. v. K. Vorländer, Hamburg 1993, S. 133.

nungswelt gehörig erwiesen werden kann. »Diese Erweiterung der theoretischen Vernunft ist aber keine Erweiterung der Spekulation, d.i. um in theoretischer Absicht nunmehr einen positiven Gebrauch davon zu machen.«[100]

Die Idee einer moralischen Natur des Menschen, die mit dem Postulat der Freiheit nur in praktischer Absicht zu denken ist, wird von Kant sorgfältig aus der Erfahrungswelt herausgehalten. Allerdings hilft diese Überlegung auch nicht weiter, ihn gegen die mit Foucault (oder Deleuze) vorgeschlagene Kritik zu verteidigen. Der Grund dafür ist eigentlich ganz einfach. Die spezifische (nicht-empirische) Transzendenz der praktischen Vernunft begründet ein hierarchisches Denken, das sich überall dort auf die eine oder andere Weise manifestiert, wo das moralische Gesetz ausgeführt wird oder realisiert zu sein scheint (gleichsam im Zurückdrängen der natürlichen bzw. egoistischen Willensbestimmungen). In der Anthropologie ist der reine Charakter prinzipiell vom empirischen unterschieden. Aber die hierarchischen Verhältnisse der empirischen Charaktere zueinander hängen davon ab, wie sie auf ihren eigentlichen Maßstab, nämlich den reinen Charakter, bezogen sind. Nur die weiße ›Rasse‹ wird von Kant so

---

[100] Ebd., S. 154.

beschrieben, dass sie über die zur Ausbildung des moralischen Wesens erforderlichen intellektuellen Fähigkeiten verfügt. Selbst wenn Kant den reinen Charakter der Person bzw. der Gattung als einen ›allgemein menschlichen‹ bezeichnet, so ist er dies doch nur von Rechts wegen. Faktisch ist die Natur bestimmter menschlicher Charakter eben so determiniert, dass sie eine höhere kulturelle Entwicklung ausschließen.[101] Im Übrigen gilt das nicht nur von den nicht-europäischen ›Rassen‹, es gilt auch in den anderen anthropologischen Einteilungen des Charakters: insbesondere für die Rede von der geschlechterspezifischen oder auch der pathologischen Minderwertigkeit. Mit Blick auf die obigen Ausführungen über die allgemeine Geschichte in weltbürgerlicher

---

101 Das jedenfalls wird behauptet. Mithin sind hier zwei Ebenen zu unterscheiden, die beide wichtig sind: Erstens wird zwischen einem de iure allgemeinen Wesen und natürlichen Unterschieden de facto differenziert. Dabei handelt es sich um eine historisch relevante epistemische Struktur. Zweitens wird auf Arbeiten Bezug genommen, die die faktischen Unterschiede zwischen den Menschen thematisieren. Hier spielen physiologische Forschungen ebenso eine Rolle wie psychologische oder kulturhistorische. Während uns Kants Materialien eher noch dürftig erscheinen (Reisebeschreibungen von Louis-Antoine de Bougainville oder James Cook), ändert sich im 19. Jahrhundert die wissenschaftliche Situation – z.B. durch weit verzweigte kraniologische und ethnologische Studien, die im anthropologischen Diskurs (auch der Philosophie) integriert wurden. Diese integrative Funktion ist – auch historisch und explizit – auf Kant und die von ihm getätigte epistemische Weichenstellung zurückzuführen.

Absicht zeigt sich erneut, dass die stufenweise Entwicklung der Naturanlagen des Menschen – und parallel dazu: seiner Zivilisierung und Kultivierung – in der Ausrichtung auf seine (moralische) Bestimmung die beschriebene empirisch-transzendentale Doppelstruktur aufweist.

Es wäre aus meiner Sicht verfehlt, den Kosmopolitismus Kantischen Typs gegen seinen Rassismus – bzw. seine hierarchisch angelegten Beschreibungen der Verschiedenheiten des ›Rassencharakters‹ – auszuspielen. Es wäre verfehlt mit Pauline Kleingeld anzunehmen, dass Kant in den 1790er Jahren mit seinen eurozentrischen Ansichten von der Überlegenheit der »Weißen« widerstreitende (und in sich konsistente) rechtstheoretische Grundlagen ausgearbeitet hat.[102] Es ist komplizierter. Zwar ist es nicht sehr überraschend, dass viele

---

[102] Vgl. Pauline Kleingeld, «Kant's second thoughts on race", in: Phil. Quaterly 2007:57, S. 573-592. Vgl. dagegen Robert Bernasconi, »Kant's Third Thoughts on Race«, in: Stuart Elden, Eduardo Mendieta (Hg.), Reading Kant's Geography, State University of New York Press 2011, S. 291-318, hier S. 295. Bernasconi wendet sich – wie ich denke: zurecht – gegen Kleingelds These, dass Kant seine Einstellungen gegenüber dem wissenschaftlichen Status von ›Rassen‹ bzw. ihren hierarchischen Relationen in den 1790er Jahren änderte. Wenn von Änderungen gesprochen werden kann, dann beziehen sie sich auf die Bewertung der kolonialen Praxis der Landnahme oder auch auf diejenige des Sklavenhandels (wenngleich nicht vollumfänglich auf die Sklaverei als Institution).

Kritiker*innen in der Kantischen Rechtslehre eine Vorform der Menschenrechte formuliert sehen. Auf die Freiheit hat jeder Mensch einen rechtmäßigen Anspruch, sofern sie dem Prinzip der allgemein verträglichen Freiheit entspricht, also »die Willkür des einen mit der Willkür des anderen nach einem allgemeinen Gesetze der Freiheit zusammen vereinigt werden kann«.[103] Aber dieser Anspruch, der sich aus dem kategorischen Rechtsimperativ ableitet, findet sich mit der republikanischen Staatsverfassung auf einer Ebene, was die »Lauterkeit ihres Ursprungs« anbelangt: »aus dem reinen Quell des Rechtsbegriffs entsprungen zu sein«.[104] Sie besteht (in ihrer durchaus *nicht* demokratischen Regierungsart) zusammen mit internationalen Verhältnissen, die »durch den wechselseitigen Eigennutz« gekennzeichnet sind.[105] Verlässlicher als das Weltbürgerrecht sichert der »Handelsgeist« den Frieden:

> »Weil nämlich unter allen der Staatsmacht untergeordneten Mächten die Geldmacht wohl die zuverlässigste sein möchte, so sehen sich Staaten [...] gedrungen, den edlen Frieden zu befördern und, wo auch immer in der Welt Krieg auszubrechen droht, ihn durch Vermittelungen

103 Immanuel Kant, Metaphysik der Sitten [1797], Akademie-Ausgabe Bd. 6, Berlin 1907, S. 203-493, hier S. 230.

104 Vgl. Kant, Zum ewigen Frieden, S. 12.

105 Vgl. ebd., S. 33.

> abzuwehren, gleich als ob sie deshalb im beständigen Bündnisse ständen. [...] Auf diese Art garantiert die Natur durch den Mechanism der menschlichen Neigungen selbst den ewigen Frieden.«[106]

Die natürlich angelegten Konflikte sind bereits dazu da, »sich unter Zwangsgesetze zu begeben« – und in diesem Sinne dienen auch die selbstsüchtigen Neigungen der Vernunft zu einem Mittel für den selbst gesetzten Zweck, das staatsbürgerliche Recht zu begründen.[107] Ebenso verhält es sich im Völkerrecht, wenn die Verschiedenheiten der Völker – »Sprachen und Religionen« – gegeneinander konkurrieren.[108] In ihrem Widerstreit liegt die Dynamik, die notwendig ist, um die Entwicklung der Menschheit voranzutreiben.

Es wäre also durchaus möglich, mit einem Blick zurück auf die Geschichtsphilosophien des 19. Jahrhunderts, eine strukturelle Verbindung zwischen dem Republikanismus Kantischen Typs und dem sich entwickelnden Kapitalismus herzustellen. Und damit wird ein Zusammenhang beschrieben, der gleichsam insinuiert, dass der normative Gehalt, der im kritischen Fortschritt im Sinne der emanzipatorischen Praxis steckt,

---

106 Ebd.
107 Vgl. ebd., S. 31.
108 Vgl. ebd., S. 32.

strukturell mit einer Idee des historischen Fortschritts, der aus der eurozentrischen Philosophie der Geschichte ablesbar wäre, verbunden ist. Amy Allen, deren Arbeit die kritische Theorie auf die Höhe der post- und dekolonialen Kritik zu bringen sucht, spricht hier von zwei verschiedenen Konzeptionen des Fortschritts – als Tatsache und als Imperativ.[109] Allerdings stimmt es, dass Kant im Entwurf zum ewigen Frieden (im 3. Definitivartikel) ein kosmopolitisches Hospitalitätsrecht konzipiert hat, das sich ausdrücklich gegen die koloniale Praxis der europäischen (»inhospitalen«) Eroberungen in Amerika, Afrika und Asien ausspricht.[110] Bei ihm handelt es sich um ein »Besuchsrecht«, das Fremden in allen Staaten einzuräumen wäre. Zwar können sie

---

109 Vgl. Allen, Ende des Fortschritts, S. 43.

110 »Vergleicht man hiemit [gemeint ist die Hospitalität; MR] das inhospitale Betragen der gesitteten, vornehmlich handeltreibenden Staaten unseres Weltteils, so geht die Ungerechtigkeit, die sie in dem Besuche fremder Länder und Völker (welches ihnen mit dem Erobern derselben einerlei gilt) beweisen, bis zum Erschrecken weit. Amerika, die N....länder, die Gewürzinseln, das Kap etc. waren bei ihrer Entdeckung für sie Länder, die keinem angehörten; denn die Einwohner rechneten sie für nichts.« Kant, Zum ewigen Frieden, S. 22. Es ist dennoch so, dass Kant noch in diesem späten Text die »Rohigkeit, Ungeschliffenheit und viehische Abwürdigung der Menschheit« in der »Anhänglichkeit der Wilden an ihre gesetzlose Freiheit« ausmacht, selbst wenn er diese nunmehr auf den Naturzustand im Verhältnis der Staaten zueinander (und damit nicht zuletzt auch auf die kolonialen Verhältnisse) überträgt. Vgl. ebd., S. 16-17.

abgewiesen werden, aber nur »wenn es ohne [ihren] Untergang geschehen kann«.[111] Sie haben ein Recht darauf, dass ihr Besuch zugelassen wird – und damit verbindet sich die Möglichkeit, »einen Verkehr mit den alten Einwohnern zu *versuchen*«.[112] Es ist interessant, dass Kant an dieser Stelle quasi auf ein »common« verweist, nämlich auf die allen Menschen gleichermaßen gegebene Erde – »ein Besuchsrecht, welches allen Menschen zusteht, sich zur Gesellschaft anzubieten vermöge des Rechts des gemeinschaftlichen Besitzes der Oberfläche der Erde, auf der als Kugelfläche sie sich nicht ins Unendliche zerstreuen können, sondern endlich sich doch nebeneinander dulden müssen, ursprünglich aber niemand an einem Orte der Erde zu sein mehr Recht hat als der andere.«[113]

Es ist vorstellbar, dass eine politische Theorie des ›konsistenten Egalitarismus‹ alle möglichen historisch informierten Einwände zurückzuweisen vermag, indem sie sich darauf konzentriert, jede Form einer inegalitären Praxis abzuwehren. Eine transzendentale Idee der Gleichheit wäre gleichsam anthropologisch im Denken verankert (Badiou) – oder begründete die politisch kämpferische Infragestellung ungleicher oder repressi-

[111] Vgl. ebd., S. 21.
[112] Vgl. ebd., S. 22.
[113] Ebd., S. 21.

ver Verhältnisse (Rancière). Sie wäre stets negativ bezogen auf ihre empirische Realisierung, sofern diese einen exklusiven Möglichkeitsrahmen voraussetzt.[114] Selbst Autor*innen der post- und dekolonialen Agenda plädieren hin und wieder für eine quasi spekulative Universalität (der Menschenrechte), die sozusagen übrigbliebe, wenn die eurozentrierte Vermengung des Partikularen und Universalen konsequent vermieden würde. – Vielleicht wäre an dieser Stelle aber weniger eine defensive Strategie des Rückzugs, als vielmehr eine offensive Affirmation des situierten (oder pluralistischen) Denkens zu empfehlen: situiert an der epistemischen Bruchstelle, im Auftauchen einer empirisch-bodenlosen Mannigfaltigkeit, die sich nicht farbenblind vorgeprägten Identitäten zuschreiben ließe – und kon-

[114] In Anlehnung an die Diskussionen um die radikale Demokratietheorie und eine politische Differenz, die staatliche (polizeiliche) Institutionen und wahrhaft i.e.S. ›politische‹, d.h. (nicht-hierarchische) egalitäre und dissensuale Verhältnisse unterscheidet, wäre es vielleicht möglich, bestimmte politische Ideale – wie etwa dasjenige der Gleichheit – als transzendentale Ideen zu bezeichnen, die zwar (spekulativ) gedacht, nicht aber empirisch realisiert werden können (jedenfalls nicht in einem zu eng gesteckten Raum des Möglichen, der mit dem in seinem Rahmen Unmöglichen zugleich das Minoritäre exkludierte). Gleichheit wäre eine Idee, die die Überlegenheit einzelner Gruppen sowie die Unterdrückung oder Beherrschung anderer auf Abstand hält. Sie wird gebraucht, wenn politisch gehandelt, z.B. erlittenes Unrecht (die Verweigerung der Anerkennung ihrer Gleichheit) sichtbar gemacht werden soll.

frontiert mit Machtkomplexen, deren Analyse als Bedingung ihrer Zerlegung angesehen wird. Wäre es möglich, dass zugleich mit der transzendentalen Idealisierung und Begründung der Empirie das hierarchische Denken verschwindet, wenn es die Dublette aufgibt oder sie in einer Weise verformt, die die pluralistische Mannigfaltigkeit des Empirischen aus seinen wirklichen Bedingungen hervorgehen lässt, die nicht allgemeiner sind als das von ihnen Bedingte? Ich wiederhole diese Frage nochmal anders: Kann es genügen, an einer transzendentalen Idee festzuhalten, die sich ihrer unsauberen Realisierung stets negativ entzieht? Und müsste uns nicht an einer transzendentalen Idee gelegen sein, die ihre Bedeutung stattdessen daraus gewinnt, dass sie einen positiven Entwurf der (immanenten) Verhältnisse liefert, die selbst das empirische Milieu heimsuchen: keine ideale Utopie und kein bestehender Zustand, sondern wirkliche Bewegung?

Anthropologische ›Primitivität‹

Kritische Bemerkungen zu Ernst Cassirers *Essay on Man*[115]

In den *Totengesprächen* des Lukian gibt es eine Szene, in der Charon den ankommenden Toten befiehlt, ohne Kleidung und Gepäck ganz nackt in die Fähre zu steigen, die sie über den Fluss in die Unterwelt bringt. Besonders reich beladen ist der Philosoph, der unter seinem Mantel eine Menge Dinge verbirgt: »Himmel! Was für eine Last von Prahlerei [...]; wieviel Unwissenheit, Händelsucht, windige Einbildung, vertrackte Probleme, stachlige Reden und vertüftelte Spekulationen! Was für ein Haufen vergeblicher Arbeit! Wieviel Grillen, Haarspaltereien und Spitzfindigkeiten.«[116] All diese Dinge muss er zurücklassen, und außerdem noch seine »widerliche Liebedienerei« und seinen Bart.[117] Der wird ihm mit einem Beil abgehackt von niemand anders als

[115] Eine Vorlage für die hier vorgetragenen Überlegungen liefert mein in der Allgemeinen Zeitschrift für Philosophie veröffentlichter Essay »Die fragwürdigen Privilegien des anthropologischen Exzeptionalismus«: vgl. AZP Heft 2/2022, Jahrgang 47, S. 261-283.

[116] Lukian, Gespräche der Götter und Meergötter, der Toten und der Hetären, übers. v. C. Wieland u. O. Seel, Stuttgart 1967, S. 107-108.

[117] Vgl. ebd., S. 108.

Menippos selbst, der Lukians satirischen Dialogen das literarische Vorbild lieferte. Er stammte aus Gadara (das heute in Jordanien liegt), nicht weit von Lukians Geburtsort Samosata am oberen Euphrat, und galt als Kyniker; das waren Leute, die nicht nur weltlichem, sondern auch geistigem Besitz ablehnend gegenüberstanden. Seine Rolle in den *Totengesprächen* ist die des unverschämt frechen Gammlers und Vagabunden, der sich über die Trübsal der Neuankömmlinge über ihren (durch den Tod) erlittenen Verlust an Ämtern und Würden – und damit über ihre gemeine Stellung, die sie mit allen anderen teilen – kaputt lacht.

Nun ist der geistige Besitz des bärtigen Philosophen seine (patriarchale) Weisheit. Dabei geht es um eine Weisheit, die mit göttlichen Mitteln erworben und über das vergängliche Leben erhaben zu sein schien. Sie ist angesichts des Todes unhaltbar. Menippos macht sich z.B. über das Heroische lustig, sofern der vom Körper abgespaltene (göttliche) Geist unfähig ist, die Toten zu begleiten.[118] Ewig ist nur sein Lachen; nicht aber das metaphysische Wissen, die im übernatürlichen Licht erstrahlenden Ideen, die stoische Apathie. Das sind am Ende nur Wolken, Nebel und Dunst. Ihr dogmatisches Wesen vergeht; es gibt nichts, das den Zufall ontolo-

118 Vgl. ebd., S. 93-94.

gisch außer Kraft setzte.[119] Und auch die philosophische Tugend ist in aller Regel wenig mehr als der Schein eines guten Lebens: die vornehme Haltung eines den weltlichen Angelegenheiten entrückten Weisen, die nicht nur »alles menschliche Maß« verlässt, sondern »sogar eine neue Gottheit [bildet], die es nie und nirgends gab noch geben wird.«[120] Die Torheit in der Rede des Erasmus beschreibt sie als ein marmornes Menschenbild gefühlloser Kälte.

In der Abkehr von den mühsam erworbenen bzw. ererbten Besitztümern aller Art liegt die Hinwendung zu einer unverbildeten Form der Selbsterkenntnis, die selbst Lukian für sich (und seine kynische Ahnenreihe) in Anspruch nimmt. Dabei handelt es sich um die sokratische Bescheidenheit, kein Wissen (im strengen Sinne) für sich in Anspruch zu nehmen.[121] Das kann sich – wie bei Lukian – gegen die griechische Gelehrsamkeit und ihre Akademien richten; das kann sich

---

119 Von den Wolken behauptet Sokrates: »So werden sie alles, was immer sie wolln.« Aristophanes, Die Wolken. Komödie, übers. v. O. Seel, Stuttgart 1963, S. 25 [348].

120 Vgl. Erasmus von Rotterdam, Das Lob der Torheit [1509], übers. v. A. Gail, Stuttgart 1985, S. 36.

121 Auch bei Erasmus wird zwar einerseits der verlachende Tonfall durchgehalten, andererseits aber Sokrates bei allem Spott doch zugestanden, »keineswegs ganz ohne Witz« gewesen zu sein, »da er auf den Titel eines Weisen verzichtete [...] und dem Gott selbst widersprach [...].« Ebd., S. 28.

auch – wie bei Erasmus und später bei Rabelais, die sich beide auf die alte und lustig-populäre Form des Theaters berufen – gegen die scholastische Theologie und die Professoren der Sorbonne richten. In beiden Fällen zielt die sokratische Reflexion darauf ab, jedes auf eingebildeten Hierarchien beruhende »Zuviel« an selbst zugeschriebener Reputation von sich abzuschütteln.

An dieser Stelle verbindet sich die anthropogenetische Frage nach der anfänglichen Natur des Menschen mit der anthropologischen Frage nach seinem Wesen. Noch die ethnologische Idee einer menschlichen ›Primitivität‹, die seit Beginn der kolonialen Machenschaften auf fremde, indigene Populationen projiziert wurde, steht unter dem Eindruck einer scheinbar weder geistig noch kulturell geschädigten ursprünglichen Natur. Dabei ist allerdings anzunehmen, dass bereits mit dem Gebrauch der Idee des Naturzustands die bescheidene Skepsis aufgegeben – und dagegen ein weitreichendes Wissen (bzw. entsprechende Vorurteile) geltend gemacht wurde.[122] Dasselbe gilt für den philosophi-

---

[122] Das gilt nicht nur für die vertragstheoretischen Phantasien über natürliche Lebensverhältnisse des l'homme sauvage oder für das idealistische Programm einer Philosophie der Geschichte, sondern auch für den späteren sog. Evolutionismus von Herbert Spencer, Friedrich Engels oder Lewis H. Morgan. Stets geht es darum, aus einem idealisierten Naturzustand herauszutreten und die animalische bzw. chtho-

schen Kanon, der gerade im sokratischen Fragen die Essenz des anthropologischen Wissens kontinuierlich zu erhalten bestrebt ist. Auch hier soll der Tag über die Nacht herrschen, das Wachbewusstsein über Schlaf und Träume – oder der Geist über die Natur.

Seit Kant in dem von Gottlob B. Jäsche herausgegebenen Skript seiner Logikvorlesung (1800) die Frage nach dem Menschen als anthropologische bezeichnet hat, scheint klar zu sein, womit sich die Anthropologie beschäftigt: mit dem *Wesen* oder der *Bestimmung* des Menschen. Die philosophischen Auskünfte mögen variieren, die Frage bleibt dieselbe. Es kann von ihm als *zoon logikon* oder *zoon politikon*, oder auch von seiner *Stellung im Kosmos* die Rede sein. In der Sache selbst herrscht Kontinuität, sofern die Frage nach dem Menschen in der Eigenart seines sich selbst befragenden Wesens gründet. Ist es nicht so, dass sich der Mensch fraglich geworden ist? Findet er nicht in seinem Selbst-

---

nische Verwandtschaft (bzw. das Matriarchat oder die ›Gynaikokratie‹ nach Bachofen, die große Fruchtbarkeitsgöttin) hinter sich zu lassen: mittels der himmlischen Sonne, die über die Nacht und die Erde triumphiert, und mit Hilfe technischer Entwicklungen – wie der Nutzung des Feuers, Domestikation der Tiere, Metallverarbeitung, Entwicklung der Schrift etc. Selbst der ästhetische Primitivismus, der sich seit 1900 auf afrikanische (oder ›fernöstliche‹) Kunst bezieht, kolportiert weiterhin ein verandertes, exotisiertes Bild des anderen, das sich an den eigenen Bedürfnissen (durch und durch eurozentrisch) orientiert. Noch in den Traurigen Tropen lebt Rousseau weiter.

zweifel, in seiner existenziellen Rastlosigkeit und Selbsterforschung eine innere Wahrheit: *humanitas*? Und liegt darin nicht eine wesentliche Unterscheidung, die den Menschen ein für alle Mal aus dem »Reich« der Tiere heraushebt? Kann möglicherweise trotz der Vielzahl unterschiedlicher Auffassungen an *einer* Idee des Menschen festgehalten werden – und artikuliert sich nicht in der Mitte der anthropologischen Frage ein Wesen, das stets dasselbe ist, weil es stets nach sich selbst fragt – oder zu sich selbst finden will? *Ewige Philosophie*, wie Aldous Huxley eins seiner Bücher einmal betitelte? Und liegt darin die eigentliche Würde des Menschen: in der Freiheit, das zu sein, was wir sein wollen bzw. darin, die eigene Natur aus freiem Willen selbst zu bestimmen? Vielleicht gibt es eine einfache Lösung dieses Problems. Wenn wir einmal hypothetisch, *for the sake of argument*, die Position einer historischen Epistemologin einnehmen, dann könnten wir sagen, dass die Annahme einer historisch unveränderlichen menschlichen Wesensart stets das diskursive Ergebnis einer spezifischen Wissensproduktion *sein kann*, die zudem fähig wäre, sich im historischen Vergleich in antiken oder anderen Auffassungen wiederzufinden. Warum sollte das auch nicht möglich sein? Und gesetzt, es ist möglich, wie hoch ist der Preis?

Im Folgenden ziele ich nicht auf eine minimale Anthropologie, die aus Gründen ihrer abstrakten und elementaren Beschaffenheit auf Ablehnung, Indifferenz oder Zustimmung stößt. Ich möchte wissen, welche Konsequenzen mit dem Festhalten an einigen Kernaussagen der philosophischen Anthropologie heute verbunden wären; und dies insbesondere mit Blick auf eine an Kant geschulte Lesart, die einen Weg zu finden hat, wie mit dem Problem der menschlichen Natur, mit den von Kant sog. natürlichen Anlagen und den wilden Anfängen der Menschheitsgeschichte umzugehen ist. Ernst Cassirers »Versuch über den Menschen«, der zunächst unter dem Titel »An Essay on Man« 1944 bei Yale University Press erschienen ist, wird dabei als ein exemplarischer Grundlagentext der philosophischen Anthropologie der Gegenwart etwas genauer betrachtet.

I. Sesam, öffne dich!

Cassirer begreift in seinem Essay die philosophische Anthropologie als eine auf Grund- und Begründungsfragen zugespitzte Philosophie der Kultur. Kultur ist das Produkt der symbolischen Tätigkeit des Menschen, die nach Cassirer zum Menschsein essentiell gehört. Ihre Gestaltung mag variieren, unvergänglich ist das anthropologische Formprinzip als solches. Es markiert den Punkt, an dem sich der Mensch von allen anderen Lebewesen unterscheidet. Er ist »der Form fähig«.[123] Und diese Fähigkeit wird mit einer nicht zuletzt wissenschaftlich eingesetzten Rationalität verbunden, die sich über die Bedeutung der eigenen (oder niemals ganz fremden) kulturellen Leistungen Klarheit verschaffen kann. »Im ganzen genommen könnte man die Kultur als den Prozeß der fortschreitenden Selbstbefreiung des Menschen bezeichnen.«[124] Dieser Satz spiegelt Kants Auffassung der Geschichte wider.

Bereits mit diesen wenigen Bemerkungen lässt sich verständlich machen, wie Cassirer den Begriff der philosophischen Anthropologie verwendet. Einerseits bestimmt er die kulturelle Tätigkeit selbst, die mit symbolischen Formen operiert, anthropologisch. Durch sie unterscheidet sich der Mensch vom Tier. »Das Prinzip des Symbolischen [...] ist das ›Sesam, öffne dich!‹, das den Zugang zur menschlichen Welt [...] gewährt.«[125]

---

123 Ernst Cassirer, »Das Symbolproblem als Grundproblem der philosophischen Anthropologie«, in: ders., Nachgelassene Manuskripte und Texte, Bd. 1, hg. v. John M. Krois, Hamburg 1995, S. 32-109, hier S. 44.

124 Ernst Cassirer, Versuch über den Menschen. Einführung in eine Philosophie der Kultur [1944], übers. v. R. Kaiser, Hamburg 2007, S. 345.

125 Ebd., S. 63.

Bereits in »den frühen mythologischen Erklärungen [liegt daher] eine urtümliche Anthropologie [...].«[126] Aber erst im alten Griechenland entsteht – neben oder kurz nach dem kosmologischen, mathematischen und logischen Denken – ein spezifisch anthropologisches. Wenn es eine sokratische Philosophie gibt, dann ist sie, in Cassirers Worten, »strikt anthropologisch«.[127] Damit ist gemeint, dass sie die Frage: Was ist der Mensch? umkreist, ohne sie doch positiv zu beantworten. Allein im Dialog, in der dialektischen Gedankenbewegung, wird etwas über das Wesen des Menschen in Erfahrung gebracht. Diese sokratische Auskunft bezeichnet Cassirer als die »klassische«, die in der Geschichte immer wieder neu ausgelegt worden sei.[128] Allerdings gibt es in seinen Augen besonders markante epochale Wendepunkte, die es jeweils nahelegen, von einer »neuen Anthropologie« zu sprechen: zunächst im Hinblick auf das christliche Menschenbild (und seinen Konflikt mit dem stoischen z.B. bei Augustinus), dann bezogen auf die kopernikanische Revolution, die geometrische Methode und die mit ihr entstehende Idee des Unendlichen, und drittens im Verhältnis zur Darwinschen Evolutionsbiologie und der Bedeutung eines weniger essen-

---

126 Vgl. ebd., S. 18.
127 Vgl. ebd., S. 20.
128 Vgl. ebd., S. 22.

tialistisch und mehr positivistisch ausgerichteten wissenschaftlichen Geistes.[129]

Andererseits mündet diese systematische Überlegung Cassirers zum *animal symbolicum* in einen ebenfalls systematischen Begriff der Anthropologie, der im ausgehenden 19. und beginnenden 20. Jahrhundert zu sich selbst kommt. Über Darwin hinaus »mußte noch ein weiterer und vielleicht der wichtigste Schritt getan werden, bevor eine *wirkliche* philosophische Anthropologie entstehen konnte.«[130] Schließlich ist die kulturelle Welt im Unterschied zur biologischen kein bloßes Zufallsprodukt. Sie besitzt nach Cassirer eine »teleologische Struktur«.[131] Allerdings gelingt es zunächst nicht, die gleichsam nihilistische Krise zu überwinden, die mit dem Orientierungsverlust einhergeht, der aus dem Strukturwandel der Wissenschaft, und insbesondere aus dem Prozess ihrer zunehmenden Differenzierung und Spezialisierung, resultiert. Eine weiter ausgreifende philosophische Theorie, die den auseinanderfallenden Partikularitäten einen allgemeinen anthropologischen Grund unterlegt, steht hier noch aus. Wilhelm Dilthey habe aber durch seine hermeneutisch angelegte Reflexion der geisteswissenschaftlichen Arbeitsweise wich-

---

129 Vgl. ebd., S. 27, 33, 39.
130 Ebd., S. 42 [Herv., MR].
131 Vgl. ebd.

tige Ansätze geliefert, auf die Cassirer in seiner kritischen Darstellung der neukantianischen Unterscheidung nomothetischer und idiografischer Verfahren zurückkommt.[132] Auch findet er in der *philosophischen Anthropologie* von Bernhard Groethuysen eine »hervorragende Darstellung [ihrer] allgemeinen Entwicklung«, die nach dem Vorbild Diltheys – v.a. seiner Abhandlung zur »Funktion der Anthropologie in der Kultur des 16. und 17. Jahrhunderts« (1904) – ausgeführt worden sei, wenngleich sie »an der letzten und entscheidenden Schwelle – an der Schwelle zur modernen Zeit« leider Halt gemacht habe.[133] Auf den letzten zwei Seiten seines historischen Abrisses kommt Cassirer dann auf Max Scheler zu sprechen und zitiert die »einheitliche Idee vom Menschen« aus der Schrift »Die Stellung des Menschen im Kosmos« aus dem Jahr 1928, die bekanntlich als Gründungsdokument der neueren philosophischen Anthropologie angesehen wird.[134]

---

[132] Vgl. ebd., S. 284-300.

[133] Vgl. ebd., S. 349. Vgl. Bernhard Groethuysen, »Philosophische Anthropologie«, in: Handbuch der Philosophie, München, Berlin 1928, Bd. 3, S. 1-207. Tatsächlich schließt das Buch mit Bemerkungen zu Montaignes Essais! Cassirer bezieht sich zudem auf Groethuysen, »Towards an Anthropological Philosophy«, in: Philosophy and History. Essay presented to Ernst Cassirer, Oxford 1936, S. 77-89.

[134] Vgl. Cassirer, Versuch über den Menschen, S. 45. Vgl. Max Scheler, Die Stellung des Menschen im Kosmos [1928], Bern, München 1975, 9, 87. Auch Scheler bringt den »primitiven Menschen« – und

Auf diese »einheitliche Idee vom Menschen« kommt es an. Mit ihr bestimmt Cassirer den anthropologisch begriffenen Grund der Kultur. In ihr steckt ein universalistisches Konzept des Menschen, eine funktionale Einheit, die die kulturelle Pluralität in einem anthropologischen Singular verankert. Die Aufgabe der philosophischen Analyse ergibt sich »aus der Überzeugung, daß sich die vielfältigen Strahlen zusammenbringen und in einen gemeinsamen Bezugspunkt lenken lassen.«[135] »Die Philosophie kann die Suche nach einer grundlegenden Einheit dieser idealen Welt [von Sprache, Kunst, Geschichte, Religion und Wissenschaft; MR] nicht aufgeben.«[136] Cassirer gibt diese Suche *nicht* auf. Im ersten Teil seines Essays beschäftigt er sich mit der Frage nach dem Wesen des Menschen. Im zweiten Teil behandelt er kulturphilosophische Kernthemen. Bereits Groethuysen ging es darum, einen sowohl primären als auch in sich abgeschlossenen anthropologischen Fragenkomplex ausfindig zu machen, der seit

---

sogar die »Rassencharaktere« – in die hier mit Kant und Cassirer analysierte problematische Relation einer (auf das Tier bezogenen) natürlich-niedrigen Entwicklungsstufe. »Sogar der primitive Mensch, der in gewissen seelischen Eigenschaften dem Tier noch nahe steht […].« Ebd., S. 42. Vgl. ebd., S. 73.

135 Vgl. Cassirer, Versuch über den Menschen, S. 336.

136 Ebd., S. 345.

jeher das Thema »Erkenne dich selbst« umkreist.[137] Auch für ihn besteht die wichtigste Aufgabe der Anthropologie darin, »den Menschen [...] in seiner Einheitlichkeit zu erfassen.«[138] An diesem Punkt berühren sich die an sich ganz unterschiedlichen Denkweisen von Groethuysen und Scheler. Wenn Cassirer dezidiert an *beide* anknüpft, so wohl deswegen, weil er die *systematische* Fragerichtung der neu etablierten philosophischen Anthropologie aufgreift und mit der *historischen* Ausrichtung auf das grundlegende Thema der Frage nach dem Menschen verknüpft. Den Schlüssel des anthropologischen Unternehmens findet er allerdings im Symbolischen, das den animalischen Funktionskreis qualitativ verändert. Wie vor ihm Scheler und Plessner limitiert auch Cassirer das Umweltverständnis von Uexkülls auf die Lebenssphären der Tiere. Aus seiner Sicht aber lebt der Mensch im Symbolischen »in einer neuen *Dimension* der Wirklichkeit.«[139] Dies Symbolische wäre gleichsam die Schatzkammer *und* die Zauberformel, die sie zugänglich macht, wie bei Ali Baba in Tausendundeiner Nacht, weil sie zwischen Mensch und Tier zu unterscheiden vermag.

---

137 Vgl. Groethuysen, Philosophische Anthropologie, S. 3.
138 Vgl. ebd., S. 207.
139 Cassirer, Versuch über den Menschen, S. 49.

In letzter Zeit haben feministische und postkoloniale Einwände gegen den bedenkenlosen Gebrauch des Begriffs des Menschen deutliche Sensibilisierungseffekte erzielt. Es scheint nicht immer klar zu sein, wer genau als Mensch zählt. Und selbst wenn *prinzipiell* von seiner Würde die Rede ist, wie bei Kant, so schließt das nicht aus, dass aus Gründen ihrer *faktisch* bestimmten Natur vielen Menschen abgesprochen wird, an der Humanität im eigentlichen Sinne zu partizipieren. Dies gilt, wie wir gesehen haben, für pathologisch oder charakteristisch bestimmte Fälle, z.B. für Frauen, Kinder, Kranke oder nicht-europäische ›Rassen‹. Sind derartige Aussagen aber lediglich ein Indiz für die mangelhaften Kenntnisse der empirischen Wissenschaften vom Menschen um 1800? Oder spiegelt sich in ihnen ein ›Zeitgeist‹ mitsamt seinen historisch vergangenen Vorurteilen wider? Oder gibt es etwas im systematischen Aufbau der philosophischen Theorie selbst, was dafür verantwortlich ist, dass immer wieder neben den idealen Menschen ein realer tritt, der für unfähig gehalten wird, die im Ideal festgelegten Potentiale zu verwirklichen? Ist das Letztere bei Kant der Fall, dann ist auch zu vermuten, dass sich im Neukantianismus bei Cassirer eine Entsprechung dazu findet.

Auch in Cassirers Kulturphilosophie machen sich, wie sich zeigen wird, anthropologische Begründungen auf deutlich nachteilige Art und Weise bemerkbar. Es ist kein Zufall und auch nicht auf theoretisch periphere Verirrungen zu schieben (wie dies im Kantianismus traditionell gerne behauptet wird), dass mitten im *Versuch über den Menschen* hierarchische und diskriminierende Überlegungen stecken. Sollte sich dies aber zeigen lassen, was ist dann davon zu halten, wenn immer wieder behauptet wird, dass Cassirers Essay »einen Schlüsseltext für die Weiterentwicklung des anthropologischen Denkens« darstellt, »der nicht nur die Summe seiner Philosophie symbolischer Formen und der Versuch ihrer anthropologischen Grundlegung [ist], sondern auch die grundlegende Abhandlung zur Theorie einer kulturellen Existenz des Menschen, deren Wirkung sich erst in den letzten Jahren entfaltet hat«?[140]

Angelehnt an eine Überlegung Kants aus der *Kritik der Urteilskraft* stellt Cassirer als anthropologisches Wesensmerkmal des Menschen heraus, dass dieser allein – im Unterschied zu Gott und im Unterschied zu den Tieren – über eine »Idee von möglichen Dingen« verfügt. »Nur für den Menschen mit seinem ›abhängi-

140 Vgl. Gerald Hartung, Philosophische Anthropologie [2008], Stuttgart 2018, S. 135.

gen Verstand‹ (*intellectus ectypus*) entsteht das Problem der Möglichkeit.«[141] Der menschliche Verstand ist ein diskursiver und damit auf Begriffe und Anschauungen angewiesen. Cassirer modifiziert hier den Kantischen Ansatz, wenn er den diskursiven Verstand als einen symbolischen begreift. In seinen Augen ist es für das symbolische Denken konstitutiv, zwischen dem Wirklichen und dem Möglichen bzw. zwischen Aktualität und Idealität zu unterscheiden. Weiter heißt es bei ihm:

> »Ein Symbol besitzt keine aktuale Existenz als Teil der physikalischen Welt; es hat eine ›Bedeutung‹. Im primitiven Denken ist es noch sehr schwierig, zwischen der Sphäre des Seins und der Sphäre der Bedeutung zu unterscheiden. Ständig werden sie miteinander vermischt, man glaubt, das Symbol sei mit magischen oder physischen Kräften ausgestattet. Aber mit dem Fortschreiten der Kultur wird der Unterschied zwischen Dingen und Symbolen deutlicher erkennbar [...].«[142]

---

141 Cassirer, Versuch über den Menschen, S. 92.

142 Ebd., S. 93. Die von Cassirer hier vertretene Auffassung findet sich ausführlicher in seiner dreibändigen Philosophie der symbolischen Formen. Allerdings fehlt da noch eine dezidiert anthropologisch ausformulierte Begründung. Im später zu den Bänden erstellten Index (von 1931) taucht der Begriff ›Anthropologie‹ im Sachverzeichnis nicht auf. Dies ist ein Indiz dafür, dass Cassirers späte und emphatische Verwendung des Anthropologiebegriffs von seinem systematischen Aufschwung seit den Arbeiten Schelers und Plessners abhängig ist.

An dieser Textstelle kann bereits die mögliche Kritik an Cassirer und verwandten anthropologischen Denkweisen antizipiert werden. Die Kritik wird sich nicht dagegen richten, das Symbolische auf semantische oder modallogische Aspekte zu beziehen. Sie richtet sich vielmehr auf eine *normative Festlegung* der eigentlich menschlichen Vernunft, die sich selbst (als symbolische) verfehlen und im Prozess des zivilisatorischen Fortschritts finden kann. Stets zeichne es das »primitive Denken« aus, die menschliche Norm nicht wirklich zu erreichen. Das Tier aber charakterisiert das Nicht-Menschliche. Zwischen Tier und Mensch finden sich Zwischenstadien, die von Cassirer auf verschiedenen Ebenen diskutiert werden: das Kind, dem in einem entwicklungspsychologisch bestimmten Alter eine »intellektuelle Revolution« bevorsteht; der oder die kranke Patient*in, die oder der aus pathologischer Sicht nicht in allgemeinen Begriffen zu denken vermag oder »nur in der konkreten Sphäre leben und handeln« kann; die ›wilde Existenz‹, die ethnographisch betrachtet im mythischen Denken verharrt.[143] In all diesen Fällen wird der Mensch als ein symbolisches Wesen bestimmt,

[143] Vgl. ebd., S. 62, 95. Die »Pathologie des Symbolbewußtseins« wird ausführlich dargestellt in: Cassirer, Philosophie der symbolischen Formen, Bd. 3 [1929], Darmstadt 1982, S. 238-325.

das im Sinne einer regulativen Idee die historischen Prozesse entwicklungslogisch reflektiert: stets im Ausgang von ›primitiven‹ Verhältnissen, die sich quasi animalisch dadurch auszeichnen, vollständig in der rein aktualen Ordnung des (*nicht* symbolisch aufgefassten) Handlungsraums aufzugehen – als ob in ihnen unmittelbar auf natürliche Bedürfnisse reagiert würde. Im Kontrast dazu ist »die ethische Welt [...] nie gegeben«; sie trägt vielleicht utopische Züge, aber darin liegt ihre ideelle Kraft, wie Cassirer mit Goethe sagt, »das Unmögliche so zu behandeln, als wenn es möglich wäre.«[144]

Die philosophische Anthropologie liefert die »funktionale Definition« des Menschen oder formuliert die »allgemeinen Strukturprinzipien« des symbolischen Denkens, die der historischen Betrachtung der kulturellen Verschiedenheiten zugrunde liegen.[145] Ihr struktureller Ansatz unterläuft den Gegensatz zwischen historisch-soziologischer und naturalistischer Psychologie (Cassirer erläutert ihn am Beispiel von Auguste Comte und Hippolyte Taine) und korrespondiert mit der kulturphilosophischen Bestimmung des Menschen: »Wenn der Begriff ›Menschheit‹ überhaupt etwas bedeutet,

---

144 Vgl. Cassirer, Versuch über den Menschen, S. 99.
145 Vgl. ebd., S. 110, 111.

dann dies: daß trotz aller Unterschiede und Gegensätze zwischen den verschiedenen Formen von ›Menschsein‹ alle diese Formen auf ein gemeinsames Ziel hinarbeiten. Auf lange Sicht muß ein herausragendes Merkmal, ein universeller Charakter zu finden sein, in dem sie alle übereinstimmen und harmonieren.«[146] Der universelle Charakter definiert gleichsam nach Kantischem Vorbild die singuläre Humanität des mehrfach besonderen oder empirischen Charakters und gleichzeitig die quasiteleologische Ordnung einer allgemeinen Geschichte in weltbürgerlicher Absicht. Ist aber die reine Bestimmung des Menschen immer auch das Ziel einer Entwicklung, so liegt darin bereits eine feststellbare Diskrepanz zum empirisch gegebenen Menschen, der möglicherweise aufgrund der Faktizität seiner Natur auf der Linie des Fortschritts stehenbleibt.

III. Mythisches Denken

Im Abschnitt über Mythos und Religion lassen sich die mit Cassirers Ansatz verbundenen Auswirkungen in der Deutung kultureller Phänomene vielleicht am einfachsten und exemplarisch herausstellen. Mythen sind »unbewusste Fiktionen« eines »primitiven Denkens«,

[146] Ebd., S. 114.

das sich durch eine physiognomische und sympathetische Form auszeichnet.[147] Es bestimmt sich als ein leidenschaftliches, affektives Erleben in einer Gefühlswelt ursprünglicher Verbundenheit. Diese ist vorwissenschaftlichen Typs, sofern in ihr noch nicht analytisch zwischen beharrlichen Substanzen und veränderlichen Eigenschaften unterschieden werden kann. »Der Primitive drückt seine Gefühle und Empfindungen nicht in rein abstrakten Symbolen, sondern konkret und direkt [im Mythos; MR] aus.«[148] Auf diese Weise entgehen ihm »fundamentale« Trennlinien wie etwa die »Grenzen zwischen den Reichen der Pflanzen, der Tiere und der Menschen«.[149] Selbst wenn die mythische Phantasie

---

[147] Vgl. ebd., S. 119. Es wäre interessiert, an dieser Stelle den genauen Beziehungen nachzugehen, die zwischen dem mythischen Denken nach Cassirer und dem ›Fabulieren‹ nach Bergson bestehen. Vgl. Bergson, Die beiden Quellen, S. 80-162. Die lateinische fabula übersetzt den griechischen mythos, und zugleich bewahrt sie etwas von der Leichtigkeit des (nicht religionsgeschichtlich beschwerten) rein Fiktiven. Trotz dieser Unterschiede aber nehmen beide Konzepte eine ursprüngliche (oder eben für ›primitiv‹ gehaltene) intuitive Kraft in sich auf und behaupten eine wilde Realität, die im Zivilisationsprozess nicht restlos durch Sublimierung transformiert werden kann. Dennoch ist völlig klar, dass die aktuelle Bedeutung des Fabulierens in dekolonial-feministischen Kontexten (z.B. bei Saidiya Hartman oder Donna Haraway) das problematische Erbe des Begriffs (inkl. der philosophischen Theorien des Mythos) erkennt und produktiv wandelt.

[148] Cassirer, Versuch über den Menschen, S. 127.

[149] Vgl. ebd., S. 130.

eine eigene symbolische Form besitzt, so lässt sie sich doch als solche kulturwissenschaftlich studieren und transparent machen.

> »Das primitive Denken war sich über die Bedeutung seiner eigenen Schöpfungen nicht im klaren. Uns und unserer wissenschaftlichen Analyse ist es nun vorbehalten, diese Bedeutung aufzudecken – das wahre Gesicht hinter den unzähligen Masken zu enthüllen.«[150]

Cassirer spricht in der Regel von »Primitiven« und gelegentlich auch von »Wilden« oder »Naturvölkern«.[151] Die Darstellung ihrer Aktivitäten wird speziell den Forschungen über den sog. Totemismus – bei Frazer, Durkheim, Freud, Spencer und Gillen – entnommen. Dabei ist durchaus eine Tendenz vorhanden, die neueren ethnografischen Studien gegen bestimmte traditionelle und vorurteilsbelastete Auffassungen der kolonial geprägten Völkerkunde auszuspielen. Allerdings wird diese Ten-

---

150 Ebd., S. 119. Diese Überlegung ist noch typisch für die ethnologische Reflexion nach Malinowski, sofern sie stets für sich in Anspruch nimmt, etwas Allgemeines über die menschliche Natur aus den besonderen Lebensverhältnissen der indigenen (oder angeblich ›primitiven‹) Gruppen zu lernen. Vgl. zu diesen Schwierigkeiten mit der ethnologischen Methode: Marc Rölli, Anthropologie dekolonisieren. Eine philosophische Kritik am Begriff des Menschen, Frankfurt a.M. 2021, S. 43-63.

151 Vgl. Cassirer, Versuch über den Menschen, S. 127-130.

denz nicht konsequent verfolgt. Im Rekurs auf Malinowski wendet sich Cassirer gegen das »Dogma einer vollständigen Mechanik und Automatik des sozialen Lebens bei den Primitiven«, das er anhand der These Henri Bergsons von den unterschiedlichen Quellen der statischen Magie und der dynamischen Religion diskutiert.[152] Es wäre aus seiner Sicht tatsächlich verfehlt, das mythische Denken nicht in den menschheitlichen Entwicklungsprozess einzubinden oder es mit Lucien Lévy-Bruhl als grundsätzlich »prälogisch« zu bezeichnen.[153] Und dennoch: »Das wirkliche Substrat des Mythos ist kein Gedanken-, sondern ein Gefühlssubstrat.«[154] Im Mythos verkörpert sich gleichsam eine noch ›primitive Religion‹, die sich aber Schritt für Schritt aus ihren ›primitiven Anfängen‹ herausentwickelt. Zur mythischen Simplizität gehört dann nichtsdestotrotz ein Zwangsmechanismus des »Tabu-Systems«, der dem »tieferen Empfinden religiöser Verpflichtung«, das Ausdruck eines Freiheitsideals ist, weichen muss.[155]

Cassirers kulturphilosophische Ausführungen über die symbolischen Formen von Mythos und Religion

---

152 Vgl. ebd., S. 142.
153 Vgl. ebd., S. 127-129.
154 Ebd., S. 129.
155 Vgl. ebd., S. 170. Ebenso aber äußert sich auch Bergson, Die beiden Quellen, S. 208-209.

enthalten wesentliche Postulate einer in den Grundzügen bereits im langen 19. Jahrhundert entwickelten anthropologischen Vernunft. Die Unterscheidung von Mensch und Tier liefert schematische Eckpunkte einer zivilisatorisch bestimmten historischen Entwicklung. Ihre Ausgangspunkte liegen in einem noch undifferenzierten und gleichsam elementaren Erleben, das vollständig in seine Umwelt integriert bleibt. Cassirer attestiert ihm zwar keinen »objektiven«, stattdessen aber einen »anthropologische[n] Wert«.[156] Die ›primitive Seele‹ hat »im Leben des zivilisierten Menschen [...] ihre ursprüngliche Kraft keineswegs eingebüßt.«[157] Sie macht sich nicht zuletzt in den frühkindlichen Entwicklungsphasen bemerkbar. Ihre eigentümliche Verfassung wird definiert, indem ihr ganz wesentlich die für die frühe Neuzeit wissenshistorisch zugeordnete »Einschränkung der subjektiven Qualitäten« abgesprochen wird.[158] »Hier können wir von den ›Dingen‹ nicht wie von einem toten, gleichgültigen Stoff sprechen. Die Gegenstände sind entweder wohlwollend oder böswillig, freundlich oder feindlich gesonnen, vertraut oder unheimlich, verlockend und faszinierend oder absto-

[156] Vgl. Cassirer, Versuch über den Menschen, S. 124.
[157] Vgl. ebd., S. 123.
[158] Vgl. ebd., S. 124.

ßend und bedrohlich.«[159] Es gibt hier einen mythisch oder totemistisch deklarierten Geist, dem der »Fortschritt des religiösen Denkens« noch bevorsteht.[160] Diesen Fortschritt erklärt Cassirer mit einer zunehmenden Differenzierung, die auf theoretischer Ebene mit wissenschaftlichen Rationalisierungsgewinnen und auf praktischer Ebene mit ökonomischen Verhältnissen der Arbeitsteilung und einem neuen moralischen Bewusstsein bzw. einem »neuen Freiheitsideal« beschrieben wird.[161] Der »religiöse Bedeutungswandel« ist an die Entfaltung der Individualität gebunden.[162] Die »großen monotheistischen Religionen« und ihre »moralischen Kräfte« – Cassirer bezieht sich auf Zarathustra und den Parsismus sowie auf Judentum und Christentum – lassen das mythologische Stadium hinter sich und eröffnen im Sinne einer kontinuierlichen Entwicklung den neuartigen Horizont einer auf der Freiheit des individuellen Willens aufbauenden zwischenmenschlichen Ethik.

---

[159] Ebd., S. 123.

[160] Vgl. ebd., S. 151. Wie anders geht John Dewey mit der ›primären Erfahrung‹ um, die nicht für irgendwie sublimierbar gehalten wird. Wie so oft verschwindet bei genauerem Hinsehen die philosophisch oftmals fälschlich postulierte Ähnlichkeit anthropologischen und pragmatistischen Denkens. Daran ändert auch Cassirers Bewunderung für Dewey nichts.

[161] Vgl. ebd., S. 158.

[162] Vgl. ebd., S. 168.

»Eines der größten Wunder, das alle Hochreligionen vollbringen mußten, bestand darin, daß sie ihre Neuartigkeit, ihre ethische und religiöse Weltdeutung aus dem rohen Material sehr primitiver Anschauungen und tief abergläubischer Vorstellungen zu entfalten hatten.«[163] Mit Jaspers könnte hier auch von einer (nicht zuletzt durch Habermas wirkmächtig erneuerten) ›Achsenzeit‹ und von den »maßgebenden Menschen« (Sokrates, Buddha, Konfuzius, Jesus) und schöpferischen Geistern gesprochen werden.[164] Bei ihnen handelt es sich ausnahmslos um männlich gelesene, legendäre Gestalten; die feministische Kritik am patriarchalen Mythos gottgleicher Kreativität scheint noch meilenweit entfernt. Selbst in der plautinischen Komödie, um nur einen Strang künstlerischer Frechheiten zu erwähnen, wird sie in der Gegenrede des Diener-Sklaven Sosias im *Amphitryon* bereits (vor mehr als 2000 Jahren) deutlich aufs Korn genommen und konterkariert.

---

163 Ebd., S. 163.

164 Vgl. Karl Jaspers, Die maßgebenden Menschen [1964], München ^{9}1986.

In den anderen Kulturfeldern finden sich analoge Überlegungen. Die Unterscheidung zwischen »emotionaler« und »propositionaler« Sprache findet sich in der Differenz zwischen Tier und Mensch wieder. »Die sogenannte ›Tiersprache‹ bleibt ganz und gar subjektiv; sie drückt unterschiedliche Gefühlszustände aus, aber sie bezeichnet oder beschreibt keine Gegenstände.«[165] Nur die menschliche oder eigentlich wirkliche Sprache besitzt symbolische Funktionen. Ihre strukturelle Differenz (von einer rein emotionalen Sprache) verhindert aber nicht, dass sie von Cassirer auch in entwicklungsgeschichtlichen Kontexten geltend gemacht wird. Wie das Kind, das zum Menschen erwacht, wenn es bestimmte rationale Fähigkeiten erlangt, ebenso ist der Übergang vom Schrei zur artikulierten Rede, von einem exklamativen zu einem kommunikativen Sprachgebrauch, beschaffen.[166] Diese »Veränderung beim Kinde ließe sich in etwa als Übergang [...] von einer emotionalen zu einer theoretischen Einstellung beschreiben.«[167] Veränderungen dieses Typs sind aber von grundsätzlicher sprachgeschichtlicher Relevanz, sofern die

---

[165] Cassirer, Versuch über den Menschen, S. 181.
[166] Vgl. ebd., S. 183.
[167] Vgl. ebd., S. 203.

Menschheit durch ihren »Aufstieg zu höheren Abstraktionsstufen« einen aufwärts gerichteten »geistigen Prozess« durchläuft.

> »In der primitiven Zivilisation überwiegt notwendigerweise das Interesse an den konkreten, besonderen Aspekten der Dinge. Die menschliche Sprache entspricht stets ganz bestimmten Lebensformen und ist auf sie eingestellt. Ein Interesse an bloßen ›Allgemeinbegriffen‹ ist in einem Indianerstamm weder möglich noch notwendig [...].«[168]

Universelle Begriffe treten sprachgeschichtlich erst spät hervor, doch erst mit ihnen wird es laut Cassirer möglich, sich besser in der Welt zu orientieren. Es gelingt sozusagen erst der modernen Linguistik – Cassirer bezieht sich auf Ferdinand de Saussure und Nikolai Trubetzkoy – den Primat der historischen Grammatik aufzugeben und synchrone Strukturbeziehungen der Sprache (*langue*) zu untersuchen. Auf diese Weise arbeitet sie der philosophischen Einsicht in die »funktionale Einheit« der Sprache im anthropologischen Singular zu, die nach Cassirer die kulturelle Vielfalt der unterschiedlichen Sprachen auf einen die Menschheit einigenden

168 Ebd., S. 210. Vielleicht wird in diesen Fällen zukünftig auch besser »I.......stamm« zitiert.

Grund zurückzuführen vermag.[169] Damit bleibt der babylonische Plural die tragische Folge eines göttlichen Fluches – und die Rettung ein Heilsversprechen.

Auch in den Überlegungen zum Symbolischen der Kunst finden wir die anthropologische Differenz wieder. Cassirer platziert sie dort, wo sich die eigentliche Kunst von einer nur scheinbaren unterscheidet. Tiere mögen sich wohl an der Natur erfreuen, aber nicht an ihrer Schönheit. Mit dem Earl of Shaftesbury spricht Cassirer von einem »Vorrecht des Menschen«, die »Schönheit zu erkennen und zu genießen«.[170] Die Tiere erfreuen sich nicht an der Form der Dinge, sondern an den Dingen selbst: »der Hunger treibt sie«.[171] Ebenso verhält es sich bei den Kindern. »Das Kind spielt mit *Dingen*, der Künstler spielt mit *Formen*« und begnügt sich gerade nicht mit »Spielzeug« oder »Unterhaltung«.[172] Und das Schicksal von Tieren und Kindern teilen auch die im mythischen Denken befangenen ›Primitiven‹, die das »Licht der Phantasie« nur sehr eingeschränkt wahrnehmen.[173] »Für das primitive Denken

---

[169] Vgl. ebd., S. 202. »Der höchste und im Grunde der einzige Sinn dieser [symbolischen] Formen besteht darin, die Menschen zu einen.« Ebd., S. 201. Vgl. ebd., S. 346.

[170] Vgl. ebd., S. 249.

[171] Vgl. ebd.

[172] Vgl. ebd., S. 252 [Herv. im Orig.], 253.

[173] Vgl. ebd., S. 236.

gibt es nichts Heiligeres als die Heiligkeit des Alters. [...] Die primitive Religion kann daher keinen Spielraum für individuelle Gedankenfreiheit lassen. Nicht nur jeder menschlichen Handlung, sondern auch jeder Empfindung erlegt sie ihre festen, strengen, unverletzlichen Regeln auf.«[174] Erst allmählich wird dieser Bann gelockert, »bis er seine bindende Kraft schließlich verloren zu haben scheint.«[175] Selbst wenn es stimmt, dass nach Cassirer »Dichter und Mythenbildner [...] die gleiche Welt bewohnen«, sofern der »Quell der schöpferischen Phantasie niemals versiegt«; ebenso klar zeichnet er die Kunst durch Originalität und Individualität aus, wie sie im 18. Jahrhundert im Geniegedanken der modernen Ästhetik von Kant auf den Begriff gebracht wurde.[176] Im Unterschied zum Mythos »geben wir uns [in der Kunst] mit der Wiederholung oder Nachbildung traditioneller Formen nicht zufrieden.«[177] Vielmehr liegt im Begriff der *artes liberales* ein Anspruch auf geis-

---

174 Ebd., S. 340. »So wie das Tier unterwirft sich der Mensch zwar den gesellschaftlichen Regeln, aber zugleich nimmt er Anteil an der Hervorbringung und Veränderung der gesellschaftlichen Lebensformen. Auf den frühen Gesellschaftsstufen ist diese Aktivität noch kaum wahrnehmbar; sie scheint sich auf ein Minimum zu beschränken. Doch je weiter wir voranschreiten, desto deutlicher [...] tritt dieses Merkmal zutage.« Ebd., S. 338.

175 Vgl. ebd., S. 341.

176 Vgl. ebd., S. 236-237, 344.

177 Vgl. ebd., S. 343.

tige Freiheit, den sich die Künste im Laufe der Geschichte erst langsam erwerben und zu eigen machen mussten, indem sie von ihrem mimetischen Selbstverständnis zu dem einer mit Kant *autonomen* und mit Goethe *charakteristischen* Kunst übergehen. Erst im je kunstspezifischen Medium der sinnlichen Formen wird die Wahrheit des ästhetischen Erlebens nach Cassirer greifbar – und dieses Erlebnis verwandelt die Sinnlichkeit in echte künstlerische Handlungen.

Zum Schluss – Aby Warburg und das Schlangenritual

Natürlich entwickelt sich auch innerhalb der modernen Kunst ein spezifisches Sensorium für das wilde Unbewusste der romantischen bzw. triebhaften Natur. Die Ausrichtung auf das Konkrete, die sich nach Lévy-Bruhl in der »primitiven Mentalität« artikuliert, die sich mit Cassirer in verschiedener Weise im Leben von Tieren, Kindern, Kranken oder Massen wiederfinden lässt, besitzt eine enorme Faszination. Der uns heutzutage geläufigen immanenten Kritik der Ethnologie entspricht der kunsthistorische Blick auf das ›primitivistische‹ Innenleben des im Wahnsinn oder in der Revolte steckenden, die Individuation quasi auflösenden Faszinationsgeschehens.[178] Auch hier gilt, dass für diesen Schluss Warburg nicht als besonders exponiertes Exempel (einer im europäischen Diskurs verankerten Diskriminierungspraxis) ausgewählt wurde, sondern als ein Cassirer-Leser, der selbst von vielen ihm zeitgenössischen dürftigen Positionen wohltuend abweicht – und teils sogar imstande ist, feministische und v.a. eurozentrismuskritische Positionen produktiv zu inspirieren.[179]

Es ist häufig darauf hingewiesen worden, dass sich zwischen Ernst Cassirer, der 1919 an die neu gegründete Universität Hamburg berufen wurde, und dem Kunstwissenschaftler Aby Warburg ein reger Austausch entwickelte. »So sind fast alle Cassirerschen Schriften zu Problemen der symbolischen Form und des mythischen Denkens in den von Saxl geschaffenen Publikationsorganen der Bibliothek [gemeint ist die Hamburger Kulturwissenschaftliche Bibliothek Warburg; MR] erschienen.«[180] Fritz Saxl, Warburgs Mitarbeiter, sendete diesem auch einige Vorträge Cassirers nach Kreuz-

---

[178] Mit einem kritischen, postkolonial-kunsthistorischen Blick auf Worringers Abstraktion und Einfühlung (1907), könnten Verbindungen zwischen Rousseau und Schopenhauer einerseits, dem ›Primitiven‹ und dem Abstrakten andererseits hergestellt werden.

[179] Vgl. Griselda Pollock, Encounters in the Virtual Feminist Museum. Time, space and the archive, New York 2007, S. 17-25.

[180] Ulrich Raulff, »Nachwort«, in: Aby Warburg, Schlangenritual. Ein Reisebericht, Berlin 1988, S. 79-128, hier S. 114.

lingen nach, wo sich Warburg seit April 1921 zur psychiatrischen Behandlung in der Klinik von Ludwig Binswanger befand.[181] Dort hielt Warburg auch einen Vortrag über eine bereits lang zurückliegende, von November 1895 bis Mai 1896 dauernde Reise in die USA und insbesondere zu den Hopi in Neu-Mexiko, der unter dem Titel des »Schlangenrituals« berühmt wurde.

Das Schlangenritual der Hopi, einer indigenen Pueblokultur, steht im Mittelpunkt des Reiseberichts. In der Beschreibung eines Tanzes mit lebenden Schlangen kulminiert die Darstellung von magischen Praktiken, die nach Warburg einer bestimmten Stufe der kulturellen Entwicklung des Menschen bzw. einer »Stufe des symbolischen Denkens« entsprechen.[182] Sie soll dabei helfen, »für die Entwicklung vom primitiven Heiden über den klassisch-heidnischen Menschen zum modernen Menschen« einen Maßstab zu finden.[183] Die Schlange ist Teil einer transkulturellen symbolischen Bildersprache, die einen allgemein menschlichen »Fort-

---

181 Hierunter fallen die Vorträge »Der Begriff der symbolischen Form im Aufbau der Geisteswissenschaften« (1921) und »Die Begriffsform im mythischen Denken« (1922), in dem Cassirer über die Vorstellungswelt der Zuni gesprochen hatte; erschienen in Vorträge der Bibliothek Warburg, Bd. 1, Leipzig 1922.

182 Vgl. Warburg, Schlangenritual, S. 32.

183 Vgl. ebd., S. 15.

schritt in der Kultur« durchmacht.[184] Dieser Fortschritt bemisst sich am Gradmesser der Sublimierung, wie dies Cassirer in seiner Philosophie der symbolisch-kulturellen Formen des Mythos und der Religion erläutert hat. »Die Erlösung vom blutigen Opfer durchzieht als innerstes Reinigungsideal die religiöse Entwicklungsgeschichte vom Orient zum Okzident.«[185] Mit diesem Ideal stimmt der »Sublimierungsprozess in der Religion« überein oder auch die »Entwicklung von triebhaft-magischer Annäherung zur vergeistigenden Distanzierung«, welche die Schlange als ein Symbol begreift für die »dämonischen Naturkräfte«, die es zu überwinden gilt.[186] Wir haben gesehen, dass bei Kant die Taube über der Schlange steht, sofern es eben gilt, die politische Klugheit moralisch zu regulieren.

Das magische Ritual selbst korrespondiert nach Warburg mit »wesentlichen Charakterzügen primitiven heidnischen Menschentums«.[187] Sofern die Hopi allerdings durchaus zweckrational handeln und »zwischen

---

[184] Vgl. ebd., S. 69.

[185] Ebd., S. 57. Es ist klar, dass Warburg hier die v.a. von Hegel ausgearbeitete geschichtsphilosophische Entwicklungsrichtung (von Ost nach West) aufgreift, die nicht zuletzt mit einem ›orientalistisch‹ verzerrten Bild des Ostens in Zusammenhang steht.

[186] Vgl. ebd., S. 59, 73.

[187] Vgl. ebd., S. 12.

Magie und Logos«[188] stehen, befinden sie sich auf einer Kulturstufe des Übergangs: »Dieses Nebeneinander von logischer Zivilisation und fantastisch magischer Verursachung zeigt den eigentümlichen Misch- und Übergangszustand, in dem sich diese Pueblo-Indianer befinden.«[189] Warburg kommt es hier darauf an, wie sich in Mythos und Magie eine »Ureigentümlichkeit primitiver Wildheit« zum Ausdruck bringt.[190] Er begreift sie als eine allgemein menschliche, die sich kaum anders im orgiastischen Kult des Dionysos manifestierte. An ihr gibt es etwas »elementar Unzerstörbares«, das sich der religiösen Aufklärung und ihrer Säkularisierungsgeschichte entzieht.[191] Von einem auf der ganzen Welt verbreiteten und totemistisch definierten »Urgrund elementarer Menschlichkeit« ist die Rede.[192]

---

[188] Vgl. ebd., S. 32.

[189] Ebd., S. 31.

[190] Vgl. ebd., S. 56.

[191] Vgl. ebd., S. 64. Im Unterschied zu Nietzsche bezieht sich die hier geübte Säkularisierungskritik aber nicht auf die Idee selbst, die als eine höhere Vernunft dazu bestimmt ist, die menschliche Entwicklung historisch in einem weltbürgerlichen Sinne zu lenken oder zu dominieren. Vgl. Rölli, Anthropologie dekolonisieren, S. 65-84.

[192] Vgl. Warburg, Schlangenritual, S. 50. Ich wiederhole noch einmal, dass sich Warburg hier im Einklang mit nicht nur Cassirer, sondern auch Bergson und Lévy-Bruhl befindet. Aus meiner Sicht gibt es einen latenten ›Primitivismus‹ in weiten Teilen der europäischen Philosophie des 20. Jahrhunderts, der mit dafür verantwortlich ist, dass weiterhin Hierarchien im Denken – und mit ihnen: implizite Struktu-

Das magisch-Elementare wird zwar einerseits durch eine »derbe Lebensfülle« und beruhend auf »abergläubischen Praktiken« beschrieben.[193] »Fetischismus« und »Totemismus« bezeichnen ein ›primitives‹ Entwicklungsstadium, das die Sublimierungsprozesse der historisch zunehmenden Rationalisierung und Vergeistigung noch vor sich hat.[194] Andererseits aber steht es für ein zivilisatorisch uneingelöstes Versprechen des ganzen Menschen, das mit den indigenen Kulturen auf eine »aussterbende Welt« bezogen wird.[195] Warburg spricht von einem »Andachtsraum« oder »Denkraum«, der durch das »Maschinenzeitalter« und die »elektrische Augenblicksverknüpfung« zerstört wird.[196] Die moderne Technologie ist gleichsam einseitig einer instrumentellen Rationalität verpflichtet, welche die »Aufgabe der Menschheit überhaupt« verfehlen muss, näm-

---

ren der Diskriminierung, Mikrofaschismen und Mikrorassismen – tradiert werden.

193 Vgl. ebd., S. 63, 65.

194 Vgl. ebd., S. 59, 35.

195 Vgl. ebd., S. 12.

196 Vgl. ebd., S. 75. Es ist interessant zu sehen, dass McLuhan dieselbe Logik des ›Primitivismus‹ in verkehrter Form zur Anwendung bringt, wenn er das konkrete Wilde in der elektronischen Kommunikation wiederfindet, die ihrerseits die kontemplative, individualisierende Haltung des alphabetischen Menschen hinter sich lässt. Vgl. Marshall McLuhan, Die magischen Kanäle. Understanding Media [1964], übers. v. M. Amann, Düsseldorf 1992, S. 37, 200-201.

lich den Aufstieg von der Schlange zur Sonne – wohl im Sinne einer ganzheitlichen Läuterung der unterirdischen Naturkräfte, wenn es gelingen könnte, das Ungeheuerliche ohne Verlust »zum geistigen, unsichtbaren Symbol« zu transformieren.[197]

Ulrich Raulff hat in seinem Nachwort zu Warburgs *Schlangenritual* zurecht darauf hingewiesen, dass der Vortrag »mit der Bewegung des Primitivismus in der modernen Kunst konvergiert«.[198] Wenn Cassirer von den ursprünglichen und schöpferischen Seelenkräften des ›Primitiven‹ spricht, die allen Menschen innewohnen, so erkennen wir in Warburgs Text noch deutlicher eine an Rousseau erinnernde Idealisierung des ›Naturmenschen‹, welche korrektiv auf diagnostizierte Einseitigkeiten im Zivilisationsprozess bezogen ist. Bei Cassirer sind es allein die Kunst und die Geschichtsschreibung, denen es gelingen kann, hinter den »konventionellen Menschen« oder den »Durchschnittsmenschen« die Züge des wirklichen und lebendigen Menschen ausfindig zu machen.[199] Hier sind zwei anthropologische Theorieachsen zu unterscheiden, die sowohl bei Cassirer als auch bei Warburg in das lange

[197] Vgl. Warburg, Schlangenritual, S. 73, 69.
[198] Ulrich Raulff, Nachwort, S. 122. Diese Zusammenhänge wurden in späteren Jahren z.B. von Erhard Schüttpelz genauer untersucht.
[199] Vgl. Cassirer, Versuch über den Menschen, S. 314.

19. Jahrhundert zurückverweisen: zum einen die entwicklungsgeschichtliche Perspektive, die das ›Primitive‹ an den Anfang einer kontinuierlich voranschreitenden Menschheit stellt – und zum anderen die zivilisationskritische, die im ›Primitiven‹ eine noch unverdorbene oder ungekünstelte menschliche Natur zu erkennen meint, die imstande sein soll, wenn auch nur in theoretischen Konstellationen (und insgesamt wenig überzeugend), den modernen Verhältnissen des Identitätsverlusts oder des sich selbst Fremdwerdens Paroli zu bieten.

Meine kritischen Überlegungen kommen hier an ein Ende. Es wäre zu wünschen, dass sie sich nicht in der Kritik erschöpfen, sondern eine positive Alternative, ein anderes Denken wenigstens grob antizipieren. Das Schlangenritual lieferte dazu selbst einige Hinweise. Im gemeinschaftlichen rituellen Tanz mit den Schlangen werden weder die Schlangen getötet noch ihre Träger*innen gebissen. Es mag daher mit ihnen einen Umgang geben, der nicht einseitig bestimmt ist durch ihre Überwindung oder Unterdrückung; aber auch nicht durch eine ›primitivistisch‹ aufgeblähte Vision ursprünglicher Produktivität oder kosmischer Energie. Weder benötigen wir einen Perseus, der der schlangenhaarigen Medusa den Kopf abschlägt – noch eine wiederum patriarchal geprägte Vorstellung von einem ›primitiven‹ Mutterrecht, das die noch schlafende Menschheit beherrschte. »Die Gorgonen haben jene Männer, die in ihnen ihr lebendiges, giftiges, schlangenbedecktes Gesicht schauten, versteinert. Was wäre wohl passiert, wenn diese Männer dazu in der Lage gewesen wären, die furchterregenden Chthonischen freundlich zu grüßen?«[200] Hélène Cixous hatte auf diese Frage von Donna Haraway bereits die Antwort parat: die Männer hätten sie lachend gesehen, nicht tödlich.[201] Dazu könnte passen, dass sowohl Äsop in seiner *Vita* als auch Lucius im *goldenen Esel* die Hilfe der afrikanischen Göttin Isis erlangten, die auftritt mit Vipern und Nattern.[202] Von Isis bekommt der Sklave Äsop seine Stimme geschenkt, »die Gabe, Fabeln zu ersinnen, in griechischer Sprache auszudrücken und zu dichten.«[203] Und in der Fabeltradition selbst finden

---

[200] Donna Haraway, Unruhig bleiben. Die Verwandtschaft der Arten im Chthuluzän [2016], übers. v. K. Harrasser, Frankfurt a.M., New York 2018, S. 79.

[201] Vgl. Hélène Cixous, »Das Lachen der Medusa« [1975], übers. v. C. Simma, in: Esther Hutfless, Gertrude Postl, Elisabeth Schäfer (Hg.), Hélène Cixous. Das Lachen der Medusa zusammen mit aktuellen Beiträgen, Wien 2013, S. 39-61, hier S. 50.

[202] Vgl. Apuleius, Der goldene Esel. Metamorphosen, übers. v. E. Brandt u. W. Ehlers, München, Zürich 1989, S. 461, 471.

[203] Vgl. Das Leben Äsops, übers. v. G. Poethke, Leipzig 1974, S. 29. Dieser von mir verwendeten Übersetzung liegt eine griechische Handschrift aus dem 10. Jahrhundert zugrunde.

sich auch Geschichten, die die Schlange nicht als verfluchtes, tückisches Biest, vielmehr als ein vom Menschen böswillig herabgewürdigtes Tier kennen.[204] Ihrer Schlauheit muss nicht mit ›unverdorbenen‹ (moralischen) Tauben begegnet werden. Vielmehr glaube ich, dass ihre Schläue eine andere (und durchaus friedfertige) ist, eine auf dem Bauch zu kriechen und sich der Erde anzuschmiegen. Aber das wäre wieder eine andere Geschichte.

---

204 Hier wäre die Fabel vom Menschen und der Schlange zu nennen, die La Fontaine erzählt; oder auch die von der Gold spendenden Schlange aus dem Pañcatantra. Vgl. Jean de La Fontaine, Die Fabeln. Gesamtausgabe, übers. v. R. Mayr, Düsseldorf, Köln 1982, S. 264-266 und Das Pañcatantra, übers. v. Th. Benfey, o. O. 2018, S. 144. Michel Serres hat in seiner Theorie der Schlange im Hinblick auf die Tradition der Fabeln den Gedanken von der die Zeit symbolisierenden Schlange aufgegriffen, die ihre Haut abzustreifen vermag. Die (irreversible) Zeit beginnt mit der parasitären Asymmetrie, die eine stetige Abweichung bedeutet – und damit eine fortdauernde Veränderung. Sie ist ihrerseits, könnte ich mit Donna Haraway sagen, eine chthonische Macht. Vgl. Michel Serres, Der Parasit [1980], übers. v. M. Bischoff, Frankfurt a.M. 1987, S. 279-291. Menanders Kolax wäre ein Urtyp des Parasiten auf der Bühne des Lustspiels – und sie führt nicht zuletzt zurück zu dem Philosophen, der entweder dazu übergeht, Fabeln zu erzählen, oder aber selbst zu dem Gauner und Possenreißer wird, der in der kynischen Schule als ein Hund bekannt ist, der die Kunst der Parasitik betreibt.